CORRESPONDANCE LITTÉRAIRE.

LETTRE CLXXII.

On a joué aux Italiens deux nouveautés qui n'ont pas fait fortune ; l'une est la *Comtesse de Givry*, drame en deux actes, ouvrage de la vieillesse de M. de Voltaire, qui fut représenté chez lui à Ferney en 1767, et qui n'y eut point de succès. Le zèle mal entendu de quelques-uns de ses amis l'a fait essayer sur le théâtre italien, où il n'a pas été mieux reçu qu'à Ferney. C'est le sujet usé et ingrat de *la Force du Naturel*, traité par Destouches et par quelques autres auteurs. C'est en général une mauvaise fable que M. de Voltaire n'a pas même pris soin d'embellir par les détails, et qu'il composa à la hâte, comme pour un théâtre de société.

L'autre pièce n'est pas tout-à-fait une nouveauté, puisqu'elle avait déja été jouée il y a quelques années. C'est *le Mort marié*, de Sedaine, qui était tombé avec la musique de Bianchi, et qui n'a pas été plus heureux sans musique. Comme il est imprimé depuis long-temps, il serait superflu d'en dire davantage d'une pièce qui n'a fait que paraître et disparaître.

Un jeune homme nommé M. de Florian, allié à la famille de M. de Voltaire, a donné au même théâtre *les deux Jumeaux de Bergame*, arlequinade beaucoup meilleure que ne l'ont été jusqu'ici ces sortes de pièces, et qui a beaucoup réussi. Il y a de l'esprit et de l'agrément dans le dialogue; l'intrigue d'ailleurs est fondée sur des méprises semblables à celles des *Ménechmes*. L'auteur vient en même temps de remporter le prix de poésie à l'académie française. Il est attaché en qualité de Gentilhomme à M. le duc de Penthièvre.

Il court ici une satyre contre l'abbé de Lille, intitulée *le Chou et le Navet*. Quoique l'idée de faire dialoguer un *chou* et un *navet* pour critiquer un poëme, soit forcée et par conséquent froide, ce qui manque à la fiction est à-peu-près compensé par le style, qui est en général ingénieux et élégant. Cette satyre très-piquante a fait grand bruit dans Paris, dans ce monde qui aime beaucoup les

CORRESPONDANCE
LITTÉRAIRE,

ADRESSÉE A SON ALTESSE IMPÉRIALE

M.ᴳᴿ LE GRAND-DUC,

AUJOURD'HUI

EMPEREUR DE RUSSIE,

ET A M. LE COMTE

ANDRÉ SCHOWALOW,

CHAMBELLAN DE L'IMPÉRATRICE CATHERINE II,

Depuis 1774 jusqu'à 1789;

Par Jean-François LAHARPE.

Et mihi res, non me rebus submittere conor.
Hor.

TOME QUATRIÈME.

SECONDE ÉDITION.

A PARIS,

CHEZ MIGNERET, IMPRIMEUR,
RUE DU SÉPULCRE, F. S. G. N.º 28.

An XII. — 1804.

CORRESPONDANCE
LITTERAIRE.

bons vers, mais qui aime encore davantage qu'on se moque un peu de ceux qui en font. Je vais la transcrire ici, en me permettant quelques observations.

LE CHOU,

A M. l'abbé D***.

Lorsque sous tes emprunts masquant ton indigence,
De tous les écrivains tu cherchais l'alliance,
D'où vient que ton esprit et ton cœur en défaut,
Du jardin potager ne dirent pas un mot ?
Il aurait pu fournir à ta veine épuisée
Des vrais trésors de l'homme une peinture aisée.
Le verger de ses fruits eût décoré tes chants,
Et mon nom t'eût valu des souvenirs touchans.
N'est-ce pas moi, réponds, créature fragile,
Qui soutins de mes sucs ton enfance débile ?
Le navet n'a-t-il pas dans les pays latins,
Long-tems composé seul tes modestes festins,
Avant que de Paris la gourmande cohue
Payât de ses dîners ta Muse bien repue ?
Enfant dénaturé, si tu rougis de moi,
Vois tous les Choux d'Auvergne élevés contre toi.
Songe à tous mes bienfaits, délicat petit-maître :
Ma feuille t'a nourri, mon ombre t'a vu naître.
Dans tes jardins Anglais tu me proscris en vain.
Adam au paradis me plantait de sa main;
Le Nil me vit au rang de ses dieux domestiques,
Et l'auteur immortel des douces Géorgiques,
De ses grandes leçons interrompant le fil,

A..

S'arrêta dans son vol pour chanter le persil.
Que ne l'imitais-tu ? Mais ta frivole Muse
Quêtant un sentiment aux échos de Vaucluse,
De Pétrarque en longs vers nous rabâche la foi,
Et ne réserve pas d'hémistiche pour moi.
Réponds donc maintenant aux cris des chicorées,
Aux clameurs des oignons, aux plaintes des poirées,
Ou crains de voir bientôt, pour venger notre affront,
Les chardons aux pavots s'enlacer sur ton front.

Le Navet, au Chou.

J'ai senti comme toi notre commune injure ;
Mais ne crois pas, ami, que par un vain murmure,
Des oignons irrités j'imite le courroux :
Le ciel fit les Navets d'un naturel plus doux.
Des mépris d'un ingrat le sage se console ;
Je vois que c'est pour plaire à ce Paris frivole,
Qu'un poëte orgueilleux veut nous exiler tous
Des jardins où Virgile habitait avec nous.
Un prêtre dans Memphis avec cérémonie
Eût conduit au bûcher le candidat impie.
Mais le tems a détruit Memphis et nos grandeurs ;
Il faut à son état accommoder ses mœurs.
Je permets qu'aux boudoirs, sur les genoux des belles,
Quand ses vers pomponnés enchantent les ruelles,
Un élégant abbé rougisse un peu de nous,
Et n'y parle jamais des Navets et des Choux.
Son style citadin peint en beau les campagnes ;
Sur un papier chinois il a vu les montagnes,
La mer à l'Opéra, les forêts à Long-Champs,
Et tous ces grands objets ont ennobli ses chants.

Ira-t-il, descendu de ses hauteurs sublimes,
De vingt noms roturiers déshonorer ses rimes,
Et pour nous renonçant au musc du parfumeur,
Des Choux qui l'ont nourri lui préférer l'odeur ?
Papillon en rabat, coëffé d'une auréole,
Dont le manteau plissé voltige au gré d'Eole,
C'est assez qu'il effleure en ses légers propos,
Les bosquets et la rose, et Vénus et Paphos.
La mode à l'œil changeant, aux mobiles aigrettes,
Semble avoir pour lui seul fixé *ses girouettes* *.
Sur son char fugitif où brillent nos Laïs,
L'ennemi des Navets en vainqueur s'est assis,
Et ceux qui pour Jeannot abandonnent Préville,
Lui décernent déja le laurier de Virgile.

Le Chou.

Qu'importent des succès par la brigue surpris ?
On connaît les dégoûts du superbe Paris.
Combien de grands auteurs dans les soupers brillèrent,
Qui, malgré leurs amis, au grand jour s'éclipsèrent !
Le monde est un théâtre, et dans ses jeux cruels,
L'idole du matin le soir n'a plus d'autels.
Nous y verrons tomber cet esprit de collège,
De ses dieux potagers déserteur sacrilège.
Sa gloire passera, les Navets resteront.

Le Navet.

Si la fortune un jour, pour venger notre affront,

---

* *Girouettes* ne peut avoir en vers que la valeur de trois syllabes : avec quatre il choque l'oreille. C'est le privilège de la poésie de réduire dans ces sortes de mots les deux syllabes à la diphthongue, en faveur du nombre si essentiel en vers.

Et donner du relâche aux oreilles publiques;
Force à planter des Choux ses mains académiques;
Alors, comme un vrai sage à son jardin réduit,
Qu'il vienne de l'Auvergne être le bel-esprit.
Qu'il vienne, reprenant les mœurs de son enfance,
De son cœur et du mien sentir la différence.
Je veux lui rendre alors mes bienfaits, mes secours,
Et de ce grand débris * consoler les vieux jours.

On voit d'abord qu'il n'y a pas un fond de critique bien fin ni bien délicat à reprocher à l'abbé de Lille d'avoir été nourri de choux et de navets à Sainte-Barbe où il a été élevé. C'est de plus une véritable bouffonerie de faire d'un navet *un sage*, et de faire parler un chou de *son cœur*; ce n'est pas là la plaisanterie de Boileau. L'omission des potagers dans un poëme des *Jardins* est sans doute un défaut; mais l'auteur de la satyre, qui prétend dans ses notes, que les jardins ne pouvaient fournir qu'un épisode (en quoi certes il se trompe beaucoup), devait sentir au moins qu'à plus forte raison les potagers ne devaient pas tenir une grande place dans un ouvrage de poésie.

Au reste, les vers de cette satyre sont généralement bien tournés; il y en a même d'un naturel très-heureux; mais on y remarque

---

* Hémistiche du poëme des *Jardins*.

beaucoup de fautes qu'on ne peut pas excuser dans un homme qui censure si amèrement un talent rare et célèbre. *Chercher l'alliance des écrivains*, est du galimathias ; *créature fragile*, est une cheville ; *s'arrêter dans son vol, en interrompant le fil de ses leçons*, voilà des figures incohérentes ; *quêtant un sentiment et rabâche la foi*, voilà des platitudes. Il n'est point vrai qu'on eût brûlé un poëte dans Memphis pour n'avoir pas chanté les oignons ; c'est tout au plus ce qu'on aurait pu faire s'il en avait dit du mal. Le *musc du parfumeur* est dur, et l'on ne voit pas pourquoi le poëte s'appelle ici un *candidat*; le terme est impropre ; et mettre les *oreilles publiques* pour les oreilles du public, c'est ne pas parler français. Il y a aussi une contradiction marquée à traiter d'*esprit de collège* l'homme qu'on vient de peindre comme un *abbé petit-maître*; rien ne s'accorde moins ensemble. Voilà bien des fautes dans un morceau très-court ; mais en lisant une satyre, on n'y regarde pas de si près, et vous pouvez être sûr que tout le monde n'a pas vu la pièce des mêmes yeux que moi.

LETTRE CLXXIII.

L'Académie française a tenu sa séance publique le jour de la Saint-Louis, pour la distribution des prix. Comme j'étais chargé de porter la parole et de présider l'assemblée en qualité de directeur, les détails relatifs à cet objet se trouvent dans l'exposé que je lus ce jour-là, et que je vais transcrire ici du moins en grande partie.

» L'auteur du *Siècle de Louis XIV*, en déplorant à la fin de son ouvrage la corruption du langage et du goût dans tous les genres de littérature, s'exprime ainsi : « C'est contre
» cette décadence que l'académie française
» lutte continuellement ; elle préserve le bon
» goût d'une ruine totale en n'accordant des
» prix qu'à ce qui est écrit avec quelque
» pureté, et en réprouvant tout ce qui péche
» par le style. » C'était nous rappeler en peu de mots notre principal devoir et l'esprit de notre fondation. En effet, une compagnie littéraire telle que l'académie française, quoique établie pour l'honneur et le progrès des lettres, ne peut pas faire naître les talens;

mais du moins en présentant un but à l'émulation, elle peut encore servir de barrière contre le mauvais goût, si elle persiste à maintenir dans toute leur intégrité les vrais principes de l'art d'écrire, principes invariables et sûrs, non pas seulement parce qu'ils ont été ceux des meilleurs esprits de tous les siècles, depuis Aristote jusqu'à Horace, et depuis Quintilien jusqu'à Despréaux ; mais sur-tout parce qu'ils sont essentiellement conformes au bon sens, qui est le même dans tous les temps et dans tous les lieux. C'est le bon sens qui nous dit que les deux qualités reconnues les plus indispensables en tout genre d'écrire, sont la justesse des idées et la propriété des termes. L'académie a cru d'autant plus nécessaire de rappeler aux jeunes écrivains cette vérité commune et oubliée, qu'elle a vu en lisant les pièces du concours, que ce dont ils étaient le moins occupés, c'était de s'entendre eux-mêmes, et de se faire entendre aux autres. Plusieurs annoncent de l'esprit et même du talent ; mais ceux-là même ne songent point assez à appliquer les idées au sujet et les expressions aux idées. On voit trop clairement qu'égarés par les poétiques sans nombre que l'on fait pour

le moment et pour le besoin, ils ont borné
tous leurs efforts à chercher quelques beautés
accessoires, quelques parties de l'art dont
on leur a exagéré l'importance, et qu'ils ont
négligé l'art lui-même dans ce qu'il a d'essentiel ; et pourquoi ? c'est qu'en effet on ne
leur en parle jamais. Boileau leur en parlerait : Boileau (si tant de législateurs modernes
leur laissaient encore le loisir de lire et de
méditer ces auteurs du vieux temps), Boileau
leur dirait :

Avant donc que d'écrire apprenez à penser....
. . . .
Aimez donc la raison : que toujours vos écrits
Empruntent d'elle seule et leur lustre et leur prix...
. . . .
Tout doit tendre au bon sens ; mais pour y parvenir,
Le chemin est glissant et pénible à tenir. . .
. . . .
Si le sens de vos vers tarde à se faire entendre,
Mon esprit aussitôt commence à se détendre.
. . . .
C'est peu que dans l'ouvrage où les fautes fourmillent,
Des traits d'esprit semés de tems en tems pétillent :
Il faut que chaque chose y soit mise en son lieu ;
Que le début, la fin répondent au milieu ;
Que d'un art délicat les pièces assorties
N'y fassent qu'un seul tout de diverses parties ;
Que jamais du sujet le discours s'écartant,
N'aille chercher trop loin quelque mot éclatant, etc.

Il faut bien qu'on nous pardonne de citer à l'académie des vers de Boileau : ils sont d'ailleurs ici d'autant mieux placés, que chaque mot est fait pour rappeler aux jeunes auteurs ce qu'il est le plus important d'observer, le plus difficile d'acquérir, et le plus ordinaire de négliger. Ces vérités qui leur paraissent si simples, deviendront fécondes pour eux, quand ils les auront méditées, et ils sentiront mieux toute l'étendue de ces préceptes, à mesure qu'ils apprendront à les pratiquer. L'oubli trop commun aujourd'hui de ces leçons si lumineuses, est une des raisons principales qui ont déterminé les suffrages de l'académie en faveur de la seule pièce où elle ait vu un sujet traité et une marche suivie. Cette pièce a pour titre, *Voltaire et le Serf du Mont-Jura*, avec ces deux vers pour devise :

Je veux que le cœur parle, ou que l'auteur se taise.
Ne célébrons jamais que ce que nous aimons.
VOLT.

L'auteur est M. de Florian, gentilhomme de S. A. S. Mgr le duc de Penthièvre. L'académie n'a point donné d'*accessit*, parce que d'après les principes qu'elle a eus en vue en décernant le prix, elle n'a pas cru devoir accorder cette distinction marquée à des ouvrages qui manquent de fond et d'ensemble, et ne se recommandent que par quelques détails. Elle s'est contentée de faire une mention honorable de six pièces qui lui ont paru contenir des morceaux estimables, et mériter un encouragement public.

L'académie, qui a trouvé dans la pièce couronnée un sujet intéressant, des vers ingénieux et faciles, des traits de sensibilité, ne s'est pas dissimulé ce qu'il pouvait y avoir à desirer; mais elle a cru que ce qui manquait à l'ouvrage pouvait être suffisamment compensé par deux qualités devenues si prodigieusement rares qu'elles ne sauraient être trop encouragées, le naturel et la raison.

Pour entendre aujourd'hui ce mot de raison dans son sens véritable, il n'est pas hors de propos de se rappeler un passage d'un écrivain célèbre, qui n'employant les termes qu'à leur place, et ne leur donnant jamais une acception vague ou exagérée, leur laisse toute l'énergie qui leur est propre, ce qui est encore un des secrets connus seulement de ceux qui savent écrire. Cet homme est Labruyère, un des auteurs originaux du dernier siècle. « Les esprits médiocres, dit-il, croient écrire *divinement;* les bons esprits croient écrire *raisonnablement.* » On s'apperçoit bien dans la plupart des productions de nos jours, que leurs auteurs n'ont pas des prétentions si modestes.

Après avoir rendu compte des motifs et des vues de l'académie, qu'il nous soit permis de saisir cette nouvelle occasion de manifester les sentimens qu'elle conserve pour la mémoire du grand homme dont elle a reçu, pour ainsi dire, les derniers soupirs. Elle se félicite d'avoir encore à couronner un ouvrage consacré à la gloire de M. de Voltaire, et un jeune auteur allié à sa famille et à son nom. C'est là sans doute une de ces circonstances qui doivent rendre le vainqueur plus intéressant, et lui rendre sa victoire plus chère; et pour que rien ne manque aux douceurs de son triomphe, il peut offrir l'hommage de sa première couronne au prince à qui dès l'enfance il eut le bonheur d'être attaché, prince que l'adulation ne vanta jamais, parce que jamais il ne fit rien pour la vanité; qui tout occupé de soulager des souffrances secrètes, met autant de soin à cacher le bien qu'il fait, que cette classe respectable de malheureux en met à cacher sa misère; bienfaiteur vraiment rare, qui n'a besoin que des jouissances de son cœur, et non pas de la renommée de ses bienfaits, puisqu'il les répand de préférence sur ces infortunés obscurs, dont la reconnaissance aussi timide que leurs besoins, ne sait s'exprimer que par des larmes.

Quelque plaisir qu'il y ait à rendre un hommage si légitime et si pur, il eût fallu peut-être l'épargner à sa modestie; mais nous aurons eu du moins pour excuse le desir de faire entendre l'expression de la voix publique à la tendresse filiale qui en jouira plus que lui, à la princesse auguste * en qui l'on adore, et cette bonté affable et compatissante qui semble chez elle un héritage de famille, et ces grâces que son sexe sait ajouter aux vertus.

M. d'Alembert fit ensuite la lecture de la pièce couronnée; l'abbé Arnaud lut un morceau de prose intitulé, *Portrait de Jules-César*, qui fut fort peu applaudi. C'est à deux ou trois phrases près un lieu commun ambitieusement délayé : il y a de la pesanteur

---

* M.me la duchesse d'Orléans, présente à la séance.

et de l'embarras dans le style, des fautes de sens et de diction. Le vers fameux de Lucain,

Nil actum reputans si quid superesset agendum.
Croyant n'avoir rien fait tant qu'il lui reste à faire.

est paraphrasé en quatre lignes de prose. Il y a beaucoup d'autres idées d'emprunt dans ce morceau de rhéteur, fort différent des portraits que traçaient en vingt ou trente lignes. Saluste, Patercule, Tite-Live et Tacite.

Pour achever de remplir la séance, je lus la traduction du dixième chant de la *Pharsale*, suivie d'un épilogue adressé aux mânes de Lucain, et l'un et l'autre ont été fort applaudis, sur-tout l'épilogue. M. d'Alembert finit par annoncer au public la fondation d'un prix de douze cents francs qui doit être donné à une action vertueuse, mais qui dans l'intention du fondateur, ne doit être décerné qu'à une personne de la classe du peuple, celle de toutes qui a le plus besoin d'encouragement et de récompense.

Une autre programme annonçait aussi un prix de la même valeur pour un catéchisme de morale, propre à servir à l'éducation des enfans.

Parmi les parodies qu'on joue de temps

en temps au théâtre italien, on a remarqué celle d'*Agis*, non pas qu'elle fût meilleure que les autres, mais pour une singularité en effet assez étrange. On y a mis en scène toute l'histoire du parlement Maupeou sous le dernier règne. Le roi de Lacédémone ordonne à son ministre de lui composer un sénat à sa dévotion, et le ministre ne peut en venir à bout, attendu que tout le monde se moque de ses nouveaux sénateurs. Cela fournit matière à des couplets et à des plaisanteries dont l'allusion fait tout le mérite; mais ce mérite est de nature à être fort goûté par tous les ordres de spectateurs.

Comme on se met à présent à parodier de mauvaises tragédies, espèce d'honneur qu'autrefois on n'accordait guères qu'aux bonnes pièces, il faut espérer que nous aurons la parodie de *Tibère*, ouvrage ridicule et absurde que l'on joue actuellement au théâtre Français, à la vérité sans aucun succès, et qui est d'un M. *F***, secrétaire de la gazette: assurément il n'est pas celui des Muses.

LETTRE CLXXIV.

Dans la disette des nouveautés qui se fait sentir ordinairement dans le temps des vacances, je me vois obligé de recourir à mon porte-feuille. J'en tirerai aujourd'hui un épisode d'un poëme commencé l'année dernière, et qui a pour titre Les Femmes. L'exorde suffira pour vous donner une idée du plan et de la division.

Vous par qui des mortels s'embellit l'existence,
Vous chef-d'œuvre d'un Dieu, présent de sa clémence,
Quand il voulut, aux yeux du premier des humains,
Enchanter l'univers qui sortait de ses mains,
O Femmes !... ce nom seul si touchant et si tendre,
Que sans émotion le cœur ne peut entendre,
Comprend tous les appas, réunit tous les droits.
Ah! si jusqu'à ce jour j'ai vécu sous vos loix,
Prêtez à mes accens ce charme inexprimable
Qui fonde votre empire, et qui le rend aimable.
Donnez au chantre heureux par vous assujetti,
Le talent d'exprimer tout ce qu'il a senti.
J'ai passé les momens de la première ivresse :
La saison qui succède à l'ardente jeunesse,
N'affranchit point mon cœur d'un joug qu'il veut porter;
Je sais aimer encore, et j'ose vous chanter.

Ma Muse à vos attraits destinant cet hommage,
Préluda dès long-tems à son plus cher ouvrage,
Et promit à vos pieds de célébrer un jour,
LA BEAUTÉ, LES TALENS, LES VERTUS ET L'AMOUR.

Ce qui peut paraître singulier, c'est que j'ai commencé par le second chant*; mais j'étais sûr de mes matériaux pour les trois autres; nos idées nous dominent malgré nous, et j'avais la tête remplie des *talens* bien plus que de la *beauté*, parce que l'un des deux objets est bien moins usé que l'autre. Vous en jugerez par cette fiction que j'ai imaginée pour faire sentir le pouvoir que les talens donnent à la beauté, et le charme qu'ils ajoutent à l'amour. Je crois tout ce morceau absolument neuf; du moins ne me rappellé-je

___

* C'est aussi le seul qui ait été achevé : d'autres occupations vinrent à la traverse. Le théâtre français long-temps obstrué devenait à cette époque (1781) un peu plus accessible, et l'auteur donna de suite et en peu d'années, *Jeanne de Naples*, *Philoctète*, *Coriolan*, *Virginie*, etc. Vint ensuite le Lycée qui absorba toute son attention et tout son temps, et enfin la révolution qui ne laissait plus de place aux lettres. Aujourd'hui son âge et ses principes ne lui permettent plus de songer à un poëme de ce genre, et il n'en restera que les fragmens que l'on trouve ici.

pas d'en avoir rien vu nulle part ; et vous savez que ce que j'évite le plus en tout genre, c'est de rentrer dans ce qui a été fait.

Adonis autrefois brûla pour Cythérée.
Du plus beau des humains Vénus idolâtrée
Brûla pour Adonis, et sans peine à ses yeux
Le mortel qu'elle aimait effaça tous les dieux.
Que leurs jours étaient doux ! Cependant la déesse
Se plaignait en secret (amour se plaint sans cesse),
Que souvent pour la chasse un goût trop séducteur
Arrachât de ses bras son jeune adorateur.
Quoi ! Diane et ses jeux ont-ils tant de puissance
Qu'ils condamnent Vénus aux ennuis de l'absence !
Tel est l'homme ; il s'agite en ses goûts inconstans,
Et du même bonheur n'est pas heureux long-tems ;
Il porte en ses plaisirs sa vague inquiétude.
Les femmes dont l'amour est la plus douce étude,
Satisfaites de plaire, heureuses de charmer,
Pour remplir leurs momens n'ont besoin que d'aimer.
Vénus sur-tout, Vénus n'en connaissait point d'autre.
Cœurs tendres, cœurs aimans, sa plainte était la vôtre.
« Où va-t-il ? loin de moi peut-il se plaire, hélas !
Il est donc des plaisirs qu'il ne me devra pas,
D'autres plaisirs pour lui que ceux de la tendresse !
Il va dans les forêts oublier sa maîtresse,
Me laisse pour seul bien l'attente du retour,
Et les jours à son gré sont trop longs pour l'amour ! »

C'est ainsi qu'à son fils s'expliquait sa tristesse,
Non pas à son amant ; non, sa délicatesse

B.

Craignait de lui déplaire en gênant ses desirs.
Ah ! qu'au plus tendre amant on cache de soupirs !
Que ces chagrins secrets, ces mystères de l'ame
Souvent ne sont connus que du cœur d'une femme !
« Consultez (dit l'Amour) votre frère Apollon.
Souvent on vous fêta dans le sacré vallon ;
Pour vous j'ai des neuf Sœurs souvent monté la lyre,
Et leur voix s'embellit en chantant votre empire.
Elle pourra calmer votre esprit agité.
Allez, le dieu des arts doit servir la beauté. »

Il dit, et sur un char Cypris s'est élancée.
Déja près de son sein Péristère * est placée ;
Et ces cygnes divins au joug accoutumés,
L'enlèvent mollement dans les airs parfumés.
Le char baisse et descend ; la déité s'avance.
L'Hélicon de Vénus ressentit la présence ;
Il retentit alors de concerts plus touchans ;
Euterpe modula de plus aimables chants.
Du clavier des neuf Sœurs les Grâces s'approchèrent,
Et sur les harpes d'or les amours se placèrent.
Apollon de sa cour étala les trésors.
Ses sujets empressés, variant leurs efforts,
Offraient à la beauté les fêtes du génie ;
Terpsichore dansa les airs de Polymnie ;
Et Cypris eût goûté de si rians loisirs,
Si l'amour qui se plaint goûtait quelques plaisirs.

Phœbus de ses chagrins reçut la confidence.
« Vous voyez, lui dit-il, le chant, les vers, la danse,

---

* La colombe favorite de Vénus.

La douce illusion qui naît sous les pinceaux,
La flûte qu'on entend sous l'ombre des berceaux,
Tous les arts égayant ces rives fortunées,
Défendent à l'ennui d'obscurcir nos journées.
Agréez nos leçons, et sachez-en user.
Quand l'amour est heureux, il le faut amuser ;
Il faut que votre sexe ait tous les dons de plaire ;
L'amour en est la source, il en est le salaire ;
Il fit naître les arts, et c'est pour le servir.
Il n'est point de talent qui ne donne un plaisir.
Faites-les à ce titre entrer dans votre empire ;
Et laissant Adonis au penchant qui l'attire,
Vous cependant venez apprendre en nos vallons
L'art d'embellir les jours, de les rendre moins longs.
L'étude auprès de nous vous semblera facile ;
Votre cœur nous promet un élève docile ;
Et si de vos travaux vous pouviez vous lasser,
Songez que votre amant doit les récompenser. »

Vénus crut ses avis, et le prit pour son guide.
Apprendre, c'est jouir : le progrès fut rapide.
Chaque instant fut rempli, chaque instant la formait :
C'était une déesse, et la déesse aimait.

Un jour qu'au bruit du cor qui dans les bois l'appelle,
L'impétueux chasseur est prêt à fuir loin d'elle,
Elle l'arrête, et l'œil fixé sur son amant :
« Avant de me quitter, écoutez un moment.
Permettez qu'aujourd'hui des mains encor novices
De leurs talens nouveaux vous offrent les prémices.
Venez dans ce sallon par les Muses orné. »
Elle entre, et sur ses pas Adonis entraîné,

Voit entre ces genoux une harpe placée ;
Sous ses pieds délicats la pédale est pressée.
Sa main sur l'instrument qu'Apollon lui remit,
Interroge en courant la corde qui frémit.
Combien d'effets divers que le talent nuance !
Du chantre ailé des bois la brillante cadence,
La joie et ses éclats, le desir et ses feux,
La plainte prolongée en accens douloureux,
Le reproche grondant sur la corde serrée,
Et le courroux qui meurt sur la corde effleurée,
Et la mélancolie en son tendre chagrin,
Se reposant toujours sur le même refrein.
Pas un son n'est perdu pour l'oreille ou pour l'ame.
L'effet qu'elle produit elle-même l'enflamme ;
Son ame toute entière a passé sous ses doigts,
Elle charme, attendrit, ou surprend à son choix ;
Elle peint dans ses yeux ce que les sons expriment ;
Sa tête est élevée, et ses regards s'animent ;
Et l'heureux Adonis éperdu, transporté,
Crut voir en ce moment une autre déité.

C'est alors qu'aux accens de sa harpe sonore,
Accordant de sa voix les sons plus beaux encore,
Elle chanta ces vers qu'Euterpe avait notés :
L'Amour qui les retint me les a répétés.

« Plaire à celui que j'aime est ma seule victoire,
Et mes talens pour lui sont de nouveaux tributs.
Je les ai cultivés sans prétendre à la gloire ;
J'ai cherché pour l'amour un langage de plus.
Vous aimez mes accens ; leur charme s'en augmente ;
Mais l'art n'enseigne pas le plus tendre de tous.

Cet accent si chéri sort du cœur d'une amante ;
Vous le reconnaissez quand je chante pour vous. »

Ah ! que la voix qu'on aime est douce, enchanteresse,
Adonis !.... il s'élance aux pieds de sa maîtresse.
« Eh ! quoi ! vous me cachiez des dons si précieux !
Ces accords réservés pour l'oreille des dieux,
Dont le secret n'est su que des neuf immortelles...
— J'ai voulu pour vous seul m'en instruire auprès d'elles ;
Vous voyez leur élève et celle de l'amour.
Dans les bois, loin de moi, quand vous passiez le jour,
Cette étude occupait mon loisir solitaire.
Vous alliez m'oublier : je songeais à vous plaire.
Mais connaissez encor des travaux plus chéris,
Qui de vos seuls regards attendent tout leur prix. »
Il marche sur ses pas vers un secret asyle,
Qu'éclaire un demi-jour plus pur et plus tranquille.
Ses traits autour de lui cent fois sont répétés ;
Quelques légers essais au hasard sont jetés ;
Des dessins, des pastels, esquisses imparfaites,
Des crayons, des couleurs qu'attendaient les palettes,
L'art par-tout se présente à ses regards surpris ;
Il se revoit par-tout : les pinceaux de Cypris
Racontaient à ses yeux leur amoureuse histoire.
Là Vénus lui cédait la première victoire ;
Là goûtant le repos qui succède au desir,
Il dormait dans ses bras accablé de plaisir.
Plus loin le badinage, et la tendre folie,
Et la beauté qui fuit pour être poursuivie,
Le caprice attirant, les refus, le retour,
Et ces jeux et ces riens qui sont tout pour l'amour.

Adonis, l'œil en feu, dévorait ces images.
« De votre main (dit-il) ce sont là les ouvrages ?
— » Dites ceux de mon cœur : lui seul dans ces portraits,
Quand vous étiez absent, a rassemblé vos traits.
Pour les rendre, ma main n'eut pas besoin d'adresse;
Je peignais mon amant des yeux de ma tendresse ;
Et quand je dessinais l'objet de tant d'ardeur,
Mon cœur sous mes crayons retrouvait son bonheur.
— « Et vous m'avez privé de ce plaisir extrême
De suivre vos travaux, de voir la main que j'aime
Revenir sur mes traits sans cesse retouchés,
Enfin de voir vos yeux sur les miens attachés.
Que vous avais-je fait ? Pourquoi ? par quelle injure ?....
— « Vous chassiez. — C'en est fait, et désormais j'abjure
Des plaisirs qu'Adonis a trop long-tems cherchés,
Et que si tendrement l'amour m'a reprochés.
En est-il où sans vous je trouve encor des charmes ?
Les dieux me puniraient si je causais vos larmes. »
O présage trop vrai ! fatal pressentiment !
Adonis une fois oublia son serment,
Hélas ! et terrassé par un monstre sauvage...
Mais loin, loin de mes vers cette sanglante image.
Le tableau du bonheur et de la volupté
Ne doit point se noircir du deuil de la beauté.
Ah ! plutôt revoyez auprès de Cythérée,
Heureux par les talens d'une amante adorée,
Adonis éprouver un nouveau sentiment,
Retrouver dans l'amour un autre enchantement.
Tel est donc des beaux arts cet empire suprême,
Qu'ils embellisent tout, Vénus et l'Amour même !

Voici une peinture d'un autre genre, et tout-à-fait morale, où j'ai voulu représenter ce que j'ai vu plus d'une fois, et toujours avec attendrissement; le début d'une jeune personne bien élevée qui essaye pour la première fois dans un concert de société ses talens pour la musique.

J'AI joui des talens, j'en ai chéri l'usage.
Quel cœur, s'il n'est ingrat, leur refuse un hommage ?
Quand ils brillent pour nous dans leur maturité,
Souvenons-nous au moins de ce qu'ils ont coûté.
Tant de perfection est toujours achetée ;
Elle est par le travail long-tems sollicitée.
De ces doigts si légers d'où naissent tant d'accords,
L'habitude a long-tems assoupli les ressorts.
Le tems seul d'un chant pur peut mûrir la science,
Et l'étude des arts est pénible à l'enfance.
Avant de se connaître il faut les exercer.
Dès ses plus jeunes ans il faut déja placer
Au clavier qu'on ignore une main chancelante,
Dans ses premiers essais incertaine et tremblante,
Et des tristes leçons surmonter les dégoûts.
Courage, enfant ! un jour le prix en sera doux.
Avec quel intérêt je vois enfin paraître
Ce moment attendu des parens et du maître;
Où te talent sorti de son obscurité,
Doit éclore au grand jour de la société !
Je vois la jeune élève, ingénue, innocente,
Qui commence à sourire à sa beauté naissante;

Sa mère, dont l'amour veilla sur ses progrès,
Et que flatte déja l'espoir de ses attraits.
Elle approche, elle tremble; elle en est plus touchante;
Son trouble l'embellit : on se tait, elle chante.
Quels chants jeunes et doux ! tous les cœurs sont charmés,
Et répètent tout bas les sons qu'elle a formés.
Les applaudissemens attestent sa victoire.
O vous tous, voyez-la, confuse de sa gloire,
Qui baissant un regard timide et satisfait,
Jouit en rougissant du plaisir qu'elle a fait !
Chacun vante sa voix et facile et légère :
Elle ne répond rien et regarde sa mère.
Sa mère de sa joie étouffant les éclats,
La renferme en son cœur qui ne la contient pas.
Et moi qu'à tes destins cette fête intéresse,
Aimable enfant, sais-tu les vœux que je t'adresse ?
Ils sont purs comme toi : je puis les prononcer.
Si le ciel les entend, s'il les veut exaucer,
Ces arts dont tu reçois une grâce nouvelle,
Te rendront plus heureuse en te rendant plus belle,
Que jamais de tes jours altérant la douceur,
Un infidèle amant, un époux oppresseur
N'arrache à cette voix dans les douleurs éteinte,
Le cri de l'infortune et l'accent de la plainte.
Que tes félicités croissent avec tes ans,
Et que ta mère un jour puisse voir tes enfans,
De leurs premiers succès t'apportant les couronnes,
Te rendre le bonheur qu'aujourd'hui tu lui donnes.

LETTRE CLXXV.

On a donné une tragédie nouvelle, d'un genre assez extraordinaire, intitulée *Zoraï, ou les Insulaires de la nouvelle Zélande*. Elle n'a eu qu'une seule représentation, et il ne paraît pas que l'auteur songe à l'imprimer. Les absurdités du plan de cette pièce sont palpables, et il serait inutile de les détailler. C'en est une entre autres qui n'est pas médiocre, que le projet attribué par l'auteur à des peuplades aussi barbares que celle de la nouvelle Zélande, pays le plus sauvage des deux hémisphères, pays dont on a reconnu à peine quelques plages, et où peut-être le nom de l'Europe n'est pas même connu. Il y a loin de là aux progrès qu'il faut avoir faits nécessairement pour sentir le besoin d'un gouvernement régulier, et pour aller en chercher le modèle chez des puissances européennes. Il n'y a point d'exemple que jamais un peuple sauvage ait conçu une pareille idée, pas même ceux qui sont en relation depuis long-temps avec l'Europe, et familiarisés avec ses habitans. L'auteur a donc fondé son ouvrage sur une supposition contraire à toute vraisemblance et à toute raison. Ce n'est pas une idée moins bizarre ni moins déraisonnable, que celle d'envoyer en Angleterre un sauvage qui n'en rapporte que des leçons de tyrannie et l'ambition d'asservir ses concitoyens. Assurément on n'aurait jamais cru que ce fût à l'école des Anglais que se forment les tyrans. Cet extravagant ouvrage, aussi mal conçu que mal écrit, et la dégoûtante adulation pour le gouvernement français, qu'on a cru y appercevoir, ont révolté ce même public qui avait souffert patiemment *Agis*, *Manco et Tibère*, ouvrages qui n'étaient pas meilleurs que *Zoraï*. Apparemment qu'il y a un terme à la patience publique, et l'auteur de *Zoraï* l'a trouvé. Les comédiens avaient été tellement charmés de cette pièce, et comptaient si fort sur les flatteries qu'elle renferme, qu'ils ont trouvé les moyens, grâce à la protection qu'obtiennent facilement ces sortes d'ouvrages, de le faire jouer sur-le-champ et hors de rang, comme tragédie du *moment*. L'événement a fait voir qu'il n'y a point de bon *moment* pour des ouvrages de cette espèce.

Un nouveau *Voyage dans l'Amérique septentrionale*, par M. l'abbé Robin, contient des détails intéressans et curieux sur la campagne de M. de Rochambeau en 1781, sur le séjour des troupes françaises en Amérique, sur les chefs de la révolution opérée en ce pays, sur les mœurs, le commerce, les productions, etc. : malheureusement l'auteur a toujours le ton d'un panégyriste, et le style d'un déclamateur. C'est la maladie de ce siècle ; elle a tout infecté. Il n'y a point de lecteur raisonnable qui ne soit dégoûté lorsqu'il lit dans la description des arbres d'une de ces contrées : *le monarque de ces forêts est le tulipier ; sa tête altière domine*, etc. Quelle ridicule emphase d'expressions, qui seraient mauvaises même en poésie ! Qu'est-ce qu'un arbre qui est le *monarque des forêts* ! C'est ce qu'on dirait du lion. Mais enfin, c'est la mode d'écrire ainsi : il faut attendre que cela passe comme autre chose.

Depuis quelques années on s'occupe à nous faire connaître le théâtre allemand. Il est vrai que la langue étant peu cultivée par nos littérateurs, les traductions que nous en avons ont été faites presque toutes par des Allemands francisés, qui ont le double défaut de ne pas écrire assez bien pour ce pays, et de mettre dans leurs opinions les préjugés du leur. Ainsi, par exemple, M. Friedel vient de nous traduire en 4 volumes *les meilleures pièces qui ont paru avec succès sur les théâtres des capitales d'Allemagne*, et dont les auteurs sont M.rs Lessing, Veisse, Vezel, Goëthe, Leiscwits, Brandes, Gebler, Leippel, etc. Il fait le plus grand éloge de tous leurs ouvrages, et les donne comme des preuves du progrès de l'art dramatique en Allemagne; et pourtant rien ne prouve mieux combien cet art y est encore inconnu. La tragédie sur-tout, à en juger par les pièces que M. Friedel a choisies, paraît encore dans l'enfance, non pas seulement par l'inobservation de certaines règles qui donnent plus de gloire à acquérir en offrant plus de difficultés à vaincre, et dont l'oubli n'empêche pas qu'on ne puisse produire des beautés réelles dans un ensemble défectueux ; mais sur-tout par l'absence presque totale de ces mêmes beautés qui prouvent le talent et rachètent les défauts. *Atrée et Thieste*, de M. Veisse, est une déclamation froidement ampoulée, dans le goût de Sénèque, et fort au-dessous de l'auteur latin, qui brille du moins quelquefois par la pensée et par certains traits de force. *Agnès Bernau*, intitulée *pièce nationale*, et dont l'auteur n'est pas nommé, est une composition barbare, qui semble être du temps où l'action s'est passée. Ses personnages voyagent sans cesse et reviennent en un clin-d'œil d'une extrémité de la Bavière à l'autre. L'héroïne de la pièce est jetée, sur le théâtre, du haut d'un pont dans la rivière, et les bourreaux l'enfoncent dans l'eau avec des crocs. Le sujet est précisément celui de notre *Inès de Castro*. Le fils s'est marié à l'insu de son père, et sa maîtresse meurt à la fin. On peut voir combien l'exécution est différente pour le mérite et les effets. La pièce française sera par-tout un ouvrage plein d'intérêt ; et la pièce allemande est d'une atrocité froide. Enfin le chef-d'œuvre de la scène germanique, suivant le traducteur, l'*Émilie Galotti* de Lessing, ne vaut pas mieux que le reste. C'est le sujet de *Virginie*, sous d'autres noms ; un père qui ne croyant pas pouvoir sauver autrement l'honneur de sa fille, lui plonge un poignard dans le cœur. Cette scène terrible fait frémir dans Tite-Live, elle est ridicule dans l'ouvrage allemand, et ressemble à une parodie. Le père et la fille conversent ensemble par quolibets, et font de jolies phrases. Emilie qui ne craint pas la violence d'un ravisseur, craint *la séduction*, Emilie, mariée ce jour-là même à son amant ! quelle indécence et quelle fausseté dans les idées ! Aux yeux d'une jeune personne qui aime, est-il quelque chose de plus horrible que celui qui l'arrache à son amant, et peut-elle craindre d'être *séduite*? Il faut voir le dialogue qui amène le dénouement. — « C'est à moi, mon père, qu'il faut donner ce poignard. » — » Ma fille, ce n'est point une épingle à cheveux. » — Eh ! bien, une épingle à cheveux me servira de poignard... » — « Si tu savais ce que c'est que ce poignard ! » — « Et quand je ne le saurais pas, un ami inconnu est toujours un ami... » — « Il n'est point fait pour ta main. » — Il est vrai, c'est une épingle à cheveux qui doit me servir. » En cherchant cette épingle, elle met la main sur une rose qui est dans ses cheveux : — « Quoi, tu es encore là ! tu ne dois plus orner la tête d'une victime de la *séduction*. » Elle en revient toujours, comme on voit, à cette *séduction*. Elle reproche à son père de n'avoir pas le courage de Virginius. Là-dessus, il prend enfin son parti et là poignarde. — « Dieux! qu'ai-je fait? » — « Vous avez cueilli une rose avant qu'un souffle cruel en fît tomber les feuilles... » Le ravisseur paraît : — « Père cruel, qu'avez-vous fait? » — « J'ai cueilli une rose avant qu'un souffle cruel en fît tomber les feuilles ; n'est-ce pas, ma fille? » — « Ah ! mon père... » *Elle expire et il la pose doucement à terre.* Certes il est difficile de tuer sa fille avec un plus beau sang-froid. Dans *Jules de Tarente*, autre pièce qu'on appelle aussi *tragédie*, il y a un père qui tue son fils tout aussi tranquillement.

Les comédies des Allemands, quoique faibles d'intrigue, de situation et de comique, me paraissent beaucoup plus supportables que leurs tragédies. Leur plaisanterie est froide ; mais il y a quelque vérité dans le dialogue et dans les caractères, et du moins on y trouve peu de ce mélange d'enflure et de trivialité qui est si choquant dans leurs scènes tragiques. Le seul ouvrage de ce genre qui m'ait paru exempt de ce défaut, n'est pas dans le recueil de M. Friedel : c'est *la Mort d'Adam*, de Klopstock. Le sujet est peut-être pour nous un peu trop simple et trop dénué d'action ; mais le dialogue en est vrai, touchant et quelquefois sublime. L'auteur avait le sentiment de la belle nature, et je ne connais parmi les Allemands que l'auteur du poëme d'*Abel* qui ait aussi ce mérite. Ce qu'il y a de mieux dans le recueil de M. Friedel est un drame intitulé le *Ministre d'Etat*, du baron de Gebler. Ce genre est plus aisé que les deux autres; il ne demande ni l'élévation de la tragédie, ni la gaîté comique. Avec un peu d'intérêt dans le sujet, on s'en tire assez facilement; il y en a dans le *Ministre d'Etat*, et la pièce n'est pas mal conduite. Au surplus, on nous promet une suite de cette collection qui a son utilité, puisqu'elle nous fait connaître un théâtre étranger.

On a joué à celui de la comédie française une pièce nouvelle en cinq actes et en prose, les *Amans Espagnols*, qui a été encore plus mal reçue que *Zoraï* : on a cru qu'elle n'irait pas jusqu'à la fin. C'est un mauvais *imbroglio* dans le goût des anciennes farces de Trivelin et de Scamarouche. Tout au milieu des huées, un personnage de la pièce disait : *nous avons passé une terrible soirée*. Le public qui n'était pas trop content de la sienne, n'a pas manqué de saisir l'à-propos, et les battemens de main ne finissaient pas.

Voici une chanson nouvelle qui a le mérite de la naïveté, et c'en est un dans ce genre.

Soir et matin sur la fougère,
L'an passé je filais mon lin.
Mathurin qui voulait me plaire
Venait m'y voir soir et matin.
Il voulait parler, moi de même;
C'était à qui s'enhardirait.
Il fallait dire, je vous aime,
C'était à qui commencerait.

Par un beau jour (c'était ma fête),
Il vint m'apporter un bouquet;
Je l'acceptai d'un air honnête,
Puis je le mis à mon corset.
Il faisait un pas, moi de même;
C'était à qui s'approcherait.
Il fallait dire, je vous aime;
C'était à qui commencerait.

Une autrefois (c'était dimanche),
Le voilà qui court après moi;
Puis en me tirant par la manche,
Il me dit, mon cœur est à toi.
Je lui répondis, moi de même,
Et v'là que depuis ce jour-là,
Il me dit, je lui dis, je t'aime,
Et c'est à qui le redira.

C..

LETTRE CLXXVI.

La permission qu'ont eue les Italiens de jouer des comédies, a produit enfin un ouvrage de mérite, et c'est en même temps la première comédie en cinq actes qu'on ait jouée à ce théâtre; elle est intitulée *Tom Jones à Londres*. L'on se doute bien que l'auteur n'a eu rien de mieux à faire que de prendre son intrigue et ses caractères dans l'excellent ouvrage de Fielding. Il en a même emprunté ses détails les plus heureux; mais on doit lui rendre cette justice, que c'est en homme d'esprit et de talent qu'il a mis en œuvre le fonds qu'il avait à faire valoir. La marche de sa pièce est bien entendue, les situations sont intéressantes et bien ménagées, le dialogue est rapide et animé, le style en général ingénieux et facile; beaucoup de jolis vers, et peu de mauvais goût; ses principaux caractères bien soutenus; celui du lord Fellamarre qu'il s'est rendu propre, et qu'il a fort embelli, lui fait surtout honneur. Ce personnage est plein de traits d'une grande noblesse; mais l'auteur a manqué totalement celui de Blifil, et c'est la partie faible de sa pièce. Dans l'auteur anglais, Blifil est un infâme scélérat, mais un très-adroit hypocrite, qui ne fait jamais une seule démarche qui puisse l'exposer ou le compromettre. S'il finit par être démasqué, c'est la faute des événemens et non pas la sienne ; c'est parce qu'il faut bien que tôt ou tard la vérité l'emporte sur le mensonge. Mais dans la pièce française, Blifil est d'une bassesse révoltante, d'une hypocrisie maladroite, et il s'engage lui-même, sans aucun motif, dans de fausses démarches dont il doit être visiblement la victime. Si l'auteur corrigeait ce défaut, et quelques fautes dans la diction, son ouvrage y gagnerait infiniment. Tel qu'il est, il est supérieur à toutes les comédies qu'on a jouées au théâtre français depuis quinze ans. L'auteur, que ce premier succès doit fort encourager, est un comédien de province nommé Desforges. Ce qu'il y a de remarquable, c'est qu'à la première représentation, cet ouvrage fut très-maltraité par ce même public qui prodigue si souvent une si scandaleuse indulgence aux plus plates rapsodies, tant on est porté aujourd'hui à étouffer toute sorte de mérite. Il est vrai qu'il a repris le dessus aux représentations suivantes, et il a aujourd'hui un grand succès.

Puisque nous sommes sur l'article de la littérature anglaise, je crois devoir placer ici un morceau qui m'a paru assez curieux pour m'engager à le traduire ; il est tiré de la feuille de Londres qui a pour titre, *Morning Chronicle*.

« La petite histoire suivante est si exactement vraie, qu'elle n'a besoin ni du secours de la fiction, ni des grâces du langage. Elle sera sentie par ceux pour qui le vrai est le seul beau, et c'est pour eux seuls qu'elle est écrite. Je vais la raconter avec la plus grande simplicité et la fidélité la plus précise.

» Il y a environ quatre ans qu'une jeune femme s'arrêta dans un petit village près de Bristol, et demanda qu'on lui donnât par charité un peu de lait. Il y avait quelque chose de si attrayant dans son extérieur, qu'elle fixa l'attention de tout ce qui était autour d'elle. Elle était de la première jeunesse et d'une beauté frappante ; ses manières étaient nobles et gracieuses, et tout son maintien inspirait le plus grand intérêt. Elle était seule, étrangère dans le pays, et dans une extrême misère; cependant elle ne proférait aucune plainte, et ne cherchait point à exciter la compassion. Sa manière de parler et d'agir annonçait visiblement une naissance distinguée; cependant on remarquait dans ses paroles et dans ses actions des disparates qui indiquaient une tête dérangée. Elle passait la journée à chercher une place où elle pût reposer sa pauvre tête, et la nuit elle couchait sous l'abri d'un tas de foin. Des dames du voisinage lui représentaient le danger d'une situation si exposée, mais inutilement; leurs secours fournissaient à ses besoins; mais ni prières ni menaces ne pouvaient l'engager à coucher dans une maison. Comme elle donnait de temps en temps des marques d'une véritable folie, à la fin on l'enferma. Je passe sur cet endroit de son histoire; il affecte trop mon ame et affligerait celle du lecteur. Enfin elle fut élargie, et sans perdre un moment, elle recueillit ce qui lui restait de forces, et revint à son tas de foin, quoique ce fût à six milles de sa prison. On ne peut exprimer son ravissement, lorsqu'elle se retrouva libre et encore en possession de son chétif asyle. Il y a actuellement près de quatre ans que cette malheureuse créature s'est dévouée à une si déplorable condition, et qu'elle n'a couché dans un lit ni sous un toit. La peine, la maladie, le froid, la misère ont altéré sa santé et ses charmes; mais sa figure est toujours intéressante, et il y a toujours dans son air et dans ses manières une douceur et une délicatesse peu communes. Elle est bien éloignée de la vanité des habillemens, si naturelle à son sexe et si ordinaire dans la folie. Elle ne porte ni n'accepte aucune parure, et lorsqu'on lui fait quelque présent de cette espèce, elle le pend à une branche d'arbre, et le laisse là comme indigne de son attention. Elle refuse de donner aucun éclaircissement sur ce qui la concerne ; son silence sur ce point est invincible. Ses momens de raison deviennent plus rares, et son esprit est sensiblement aliéné. Cependant ses réponses sont assez sensées, à moins qu'elle ne soupçonne quelque intention de la surprendre dans les questions qu'on lui fait. Au reste, sa vie est l'innocence même. Les matins elle se promène autour du village, converse avec de pauvres enfans, leur fait de petits présens de ce qu'on lui a donné, et reçoit les leurs en échange. Elle ne prend rien que du lait, du thé et la plus simple nourriture. Les dames du voisinage, et une en particulier qui a été sa constante et infatigable bienfaitrice, n'ont rien oublié pour obtenir d'elle de vivre dans une maison. Mais elle répond toujours: *le trouble et le malheur habitent dans les maisons; la liberté et l'air, voilà le bonheur.* Une certaine singularité de termes, quelque chose d'étranger dans sa prononciation et dans la tournure de quelques phrases, ont fait conjecturer qu'elle n'était pas de ce pays-ci. On a fait différens essais en différens temps pour tirer de ces circonstances quelque connaissance de son origine. Il y a environ un an qu'un gentilhomme lui parla plusieurs langues du continent. Elle parut inquiète et embarrassée ; mais lorsqu'il vint à lui parler allemand, son émotion fut si grande qu'elle ne put la cacher ; elle détourna la tête et fondit en larmes. Cette anecdote répandue dans le voisinage parvint, il y a quelques jours, à deux gentilshommes, que l'humanité engagea à visiter cette infortunée. L'un d'eux qui parle allemand très-couramment, voulut faire la même épreuve. Elle parut singulièrement troublée, rougit, et soit hasard, soit qu'en effet elle entendît cette langue, elle répondit en anglais à quelques questions. Mais tout-à-coup, comme si elle se fût apperçue qu'elle avait commis une imprudence, elle changea adroitement de conversation, et nia qu'elle eût rien entendu de ce qu'on lui avait dit.

» On ne s'est déterminé à rapporter cette histoire si simple, que dans l'espérance qu'elle pourrait passer sous les yeux de quelque personne intéressée au sort de cette triste créature, et tout ce que l'historien desire, c'est de ramener (peut-être) une jeune fille aimable et malheureuse dans les bras de parens actuellement désolés de sa perte. Il voudrait bien que tout ce récit ne fût qu'une fiction, et n'avoir pas été témoin oculaire de ce qu'il raconte; il se serait épargné une impression bien douloureuse et des larmes malheureusement inutiles. »

Le jeune M. de Florian qui a été couronné cette année à l'académie française, a fait jouer aux Italiens une petite pièce de féerie, intitulée *le Baiser ou la bonne Fée*. L'idée en est simple et pastorale : ce sont deux jeunes amans sous la protection d'une fée, et qu'un oracle menace des plus grands malheurs, si le jour de leur mariage ils se donnent un seul baiser. Il semble qu'un fond si mince ne devait fournir qu'un acte : l'auteur a nui à sa pièce en l'alongeant en trois actes, et en y mettant un génie bêtement amoureux, qui donne dans le piège le plus grossièrement tendu. Le dénouement qui, après la scène des deux amans, ne pouvait pas être trop vif et trop rapide, est chargé d'événemens mal-adroitement compliqués. Le style est le plus souvent faible et négligé; mais la scène essentielle de la pièce, celle où le sujet est traité, et qui se passe entre les deux jeunes amans, forme un très-joli tableau, où l'on remarque des traits d'un naturel charmant et de la plus heureuse naïveté. En général, l'auteur a de l'esprit et de la délicatesse, et il serait à souhaiter, quand il écrit en vers, qu'il sentît davantage la nécessité de soigner son style.

On a imprimé la tragédie de *Tibère*, et si quelque chose prouve à quel degré d'ineptie on est parvenu dans les ouvrages et dans les jugemens, c'est qu'on ait toléré une pareille production, qui prouve une absence totale, non-seulement de talent, mais d'esprit.

C'est aujourd'hui plus que jamais que l'on pourrait s'écrier avec Boileau : *Les Pradons étaient des soleils en comparaison de ces gens-là.*

LETTRE CLXXVII.

On a joué au théâtre français un petit acte en vers, intitulé *les deux Amis rivaux*, très-faible d'intrigue et de style ; mais dialogué agréablement, et que le jeu des acteurs faisait valoir. Le succès a été fort médiocre comme l'ouvrage : l'auteur est un jeune homme nommé Forgeot, qui avait donné au théâtre italien *les deux Oncles* et *Lucette et Lucas*, deux petites pièces où l'on retrouve tout ce que l'on connaît, mais qui ont mérité l'indulgence du public, parce qu'au moins il y a du naturel.

L'opéra ne s'est pas enrichi avec l'*Embarras des richesses*, vieux cannevas de feu Dalinval, et qui avait assez réussi au théâtre italien, quoiqu'il ne valût pas à beaucoup près son *Ecole des Bourgeois*. M. de S***, auditeur des comptes, auteur de *Colinette à la cour*, a voulu donner à Grétri un second ouvrage, et a récrépi cette vieille farce d'Arlequin. Les paroles sont plates, et la musique extrêmement faible, et remplie de réminiscences. La scène était d'abord à Athènes, et l'on a beaucoup ri d'une bergère de l'Attique qui parlait *de danser le dimanche*, et d'un paysan qui vend sa métairie deux mille *écus*. L'auteur, pour se tirer d'embarras, a mis la scène à Chaillot à la troisième représentation; mais par malheur le dieu *Plutus* joue un grand rôle dans la pièce, et il n'est pas plus facile de trouver *Plutus* à Chaillot que le *dimanche* chez les Grecs. On ne peut pas songer à tout, et puis le journal de Paris nous a prouvé dans une grande lettre, qu'à l'opéra il ne fallait pas y regarder de si près, et que les platitudes de la pièce n'étaient pas les premières qu'on eût entendues sur ce théâtre, ce qui répond à tout, excepté au couplet que voici.

Embarras d'intérêt,
Embarras de paroles,
Embarras de ballet,
Embarras dans les rôles ;
Enfin de toute sorte
On n'y voit qu'embarras;
Mais allez à la porte,
Vous n'en trouverez pas.

Les Italiens n'ont guères mieux réussi avec *la nouvelle Omphale* de Floquet, sujet tiré d'un ancien conte en vers qui vaut beaucoup mieux que la pièce. La musique est excessivement médiocre, comme tout ce qu'a fait le compositeur. Voilà pour le moment nos productions : elles ne sont pas brillantes.

Un acteur nouveau a débuté aux Français dans le premier emploi tragique, et c'est le seul depuis Lekain qui donne des espérances fondées; il a sur-tout de très-beaux moyens que le travail peut développer. Il a été fort accueilli par le public, et fort dénigré dans le Mercure, où M. de Charnois, chargé de la partie des spectacles, fait le même métier que les Frérons, celui d'ennemi des talens.

L'abbé Coyer est mort : c'est une perte médiocre pour les lettres, quoiqu'il ne fût ni sans mérite ni sans esprit. Ses premiers ouvrages intitulés *Bagatelles morales*, et qui ne sont en effet que des bagatelles, étaient d'un homme qui s'efforçait d'être aussi léger dans ses écrits, que la nature l'avait fait lourd dans la société. On y trouve une critique superficielle de quelques abus et de quelques ridicules assez agréablement saisis. Sa *Vie de Sobieski* est écrite d'un style plein d'afféterie et indigne de l'histoire. Le seul ouvrage de lui qui ait fait du bruit dans sa nouveauté, est une brochure qui avait pour titre *la Noblesse commerçante*. Il y combat le préjugé qui attache au commerce une sorte d'avilissement, et il a raison : c'est bien là un préjugé. Mais il combat aussi le principe reçu qui ne permet pas le commerce à la noblesse; et il a tort : si c'est-là un préjugé, il est monarchique et il faut le conserver. M. Turgot lui confia ses idées sur les maîtrises et les privilèges, idées qu'il développa dans *Chinki*, opuscule qui est, selon moi, ce qu'il a fait de mieux, quoique je sois fort loin d'en adopter toutes les idées ; mais ici du moins il a conformé son style au sérieux du sujet. Il fut toute sa vie postulant de l'académie française, et inutilement, quoiqu'on y ait reçu quelquefois des gens qui ne le valaient même pas ; mais il était sans crédit et un peu ennuyeux. C'est lui qui avait imaginé de s'établir trois mois à Ferney, sans savoir si cela conviendrait à M. de Voltaire, et il est très-vrai que M. de Voltaire, effrayé de l'idée d'un si long séjour, fit à son hôte ce compliment qui a été tant répété : *M. l'abbé, savez-vous la différence qu'il y a entre Dom-Quichotte et vous? c'est qu'il prenait les auberges pour des châteaux, et vous prenez les châteaux pour des auberges.*

LETTRE CLXXVIII.

M. Dubuisson, auteur d'une tragédie de *Thamas Koulikan*, jouée il y a deux ans, et qui annonçait un homme incapable de rien faire de bon, a voulu s'essayer dans la comédie, et vient de donner le *Vieux Garçon*. C'est le même sujet que le *Célibataire* de feu Dorat, qui parut avec plus de succès que de mérite, et l'un de ces ouvrages qui, après avoir joui d'une indulgence passagère, sont bientôt mis à leur place, c'est-à-dire dans l'oubli. Dorat n'avait point du tout saisi le but moral et comique de son sujet, qui était de faire voir à quels inconvéniens est exposé l'homme qui a vieilli garçon. Son prétendu *Célibataire* était un homme de trente ans qui ne voulait pas se marier, et qui pourtant finissait par céder aux avances d'une jeune personne qui se jetait à sa tête : mauvais plan comme tous ceux de l'auteur. Celui de M. Dubuisson est plus romanesque, et tient beaucoup de ce qu'on appelle drame. Son *Vieux Garçon* retrouve à la fin de la pièce un fils naturel qu'il a eu il y a vingt ans, et il le marie avec une Sophie qui se trouve là on ne sait pourquoi, et le bonheur de ces deux époux, celui d'un neveu et d'une nièce qui demeurent chez lui, consolent du moins le *Vieux Garçon* qui ne peut plus jouir de ce bonheur-là pour lui-même. Rien de tout cela ne remplit le sujet du célibataire, qui, comme on voit, serait encore à faire, si avec un peu d'attention on ne s'appercevait pas qu'il a été très-bien rempli par Regnard, sous le titre du *Légataire*, pièce charmante, où tous les inconvéniens possibles du célibat sont peints vivement, et où l'auteur n'a rien oublié, si ce n'est peut-être de résumer d'une manière précise et directe, en dix ou douze vers, la morale de son ouvrage. Celui de M. Dubuisson, écrit avec une platitude triviale, a été fort mal reçu, et abandonné à la troisième représentation.

Le public commence à se lasser des Pont-neufs de M. Piis; ses derniers vaudevilles ont été accueillis avec des huées, et cette mode après tout doit varier comme les autres. Celle d'aujourd'hui est d'écrire sur l'éducation : parmi différentes brochures de ce genre, on a justement distingué l'*Ami des*

Enfans, ouvrage de M. Berquin, qui paraît tous les mois par cahier, et qui contient de petits contes et de petits dialogues à la portée de cet âge, composés de manière à leur tracer leurs devoirs et leur inspirer le goût de la vertu et l'horreur du vice, dont les tableaux passent successivement sous leurs yeux. Ce plan est en général bien suivi : il y a de l'intérêt dans le choix des sujets, de la douceur et de la naïveté dans le style. Il y a bien aussi quelques niaiseries et quelques inconséquences ; mais en total c'est un livre utile ; il a beaucoup réussi ; on en est à la troisième édition.

Les comédiens italiens ont joué un petit acte, intitulé *Anaximandre*, d'un jeune homme de dix-neuf ans ; c'est une bagatelle assez agréablement dialoguée, et qui a été bien reçue. On attend au théâtre français le *Roi Léar*, de M. Ducis, tragédie imitée de la pièce du même nom, de *Shakespeare*; car c'est le guide sans lequel M. Ducis ne marche guères, et qui pourtant n'est pas trop sûr.

Je regarde comme un morceau précieux, un portrait de Mme la duchesse du Maine, fait par Mme de Staal, et qu'on ne trouve point dans les œuvres de cette dame qui

D..

avait un esprit si naturel et si piquant : je me suis empressé de le copier.

« Mme la duchesse du Maine, à l'âge de soixante ans, n'a encore rien acquis par l'expérience : c'est un enfant de beaucoup d'esprit ; elle en a les défauts et les agrémens. Curieuse et crédule, elle a voulu s'instruire de toutes les différentes connaissances ; mais elle s'est contentée de leur superficie. Les décisions de ceux qui l'ont élevée, sont devenues des principes et des règles pour elle, sur lesquelles son esprit n'a jamais formé le moindre doute ; elle s'est soumise une fois pour toutes. Sa provision d'idées est faite ; elle rejetterait les vérités les mieux démontrées, et résisterait aux meilleurs raisonnemens, s'ils contrariaient les premières impressions qu'elle a reçues. Tout examen est impossible à sa légèreté, et le doute est un état que ne peut supporter sa faiblesse. Son catéchisme et la philosophie de Descartes sont deux systêmes qu'elle entend également bien *.

---

* Ce qui signifie qu'elle recevait l'erreur comme la vérité, uniquement par tradition. Cette Mme de Staal qui avait un très-bon esprit, était fort loin de prendre

» Son amour-propre, quoique excessif, n'a cependant fait de chemin que celui qu'on lui a fait faire. L'idée qu'elle a d'elle-même, est un préjugé qu'elle a reçu comme toutes ses autres opinions ; elle croit en elle de la même manière qu'elle croit en Dieu et en Descartes, sans examen et sans discussion. Son miroir n'a pu l'entretenir dans le moindre doute sur les agrémens de sa figure. Le témoignage de ses yeux lui est plus suspect que le jugement de ceux qui ont décidé qu'elle était belle et bien faite. Sa vanité est d'un genre singulier ; mais il semble qu'elle soit moins choquante, parce qu'elle n'est pas réfléchie, quoiqu'en effet elle en soit plus absurde.

» Son commerce est un esclavage ; sa tyrannie est à découvert ; elle ne daigne pas

---

l'irréligion pour la philosophie. Mais on est quelquefois obligé d'expliquer même ce qui est clair, depuis que des *sages* qui n'ont écrit que pour les sots, ont mis Fénelon, Bossuet, Massillon, etc. au rang des incrédules, sur quelques mots interprétés à la manière des sophistes, c'est-à-dire dans un sens contraire à toute raison. C'est un des derniers efforts de la sagacité et de la bonne foi de nos *philosophes* qui jouent de leur reste.

la colorer des apparences de l'amitié. Elle dit ingénuement qu'elle a le malheur de ne pouvoir se passer des personnes dont elle ne se soucie point : effectivement elle le prouve. On la voit apprendre avec indifférence la mort de ceux qui lui faisaient verser des larmes, lorsqu'ils se trouvaient un quart-d'heure trop tard à une partie de jeu ou de promenade.

» On ne peut se faire d'illusion avec elle : sa franchise, ou pour parler plus juste, le peu d'égard qu'elle a pour tout le monde, fait qu'elle ne dissimule aucun de ses caprices. Elle a fait dire à une personne de beaucoup d'esprit, *que les princes* * *étaient en morale ce que les monstres sont dans la physique : on voit en eux à découvert la plupart des vices qui sont imperceptibles dans les autres hommes.*

» Son humeur est impétueuse et inégale; elle se courrouce et s'afflige, s'emporte et s'appaise vingt fois en un quart-d'heure.

---

* Ceci est d'une personne qui avait vu de près toute la dépravation de la régence; et ce Philippe d'Orléans (nom malheureux) dont Louis XIV avait dit avec beaucoup de sens : *c'est un fanfaron de crime*. Au reste, il n'y a que les sots qui prennent les hyperboles satyriques pour des autorités morales, et cette remarque serait même superflue dans un autre temps que le nôtre.

Souvent elle sort de la plus profonde tristesse par des accès de gaîté où elle devient fort aimable. Sa plaisanterie est noble, vive et légère; sa mémoire est prodigieuse; elle parle avec éloquence, mais avec trop de véhémence et de prolixité. On n'a point de conversation avec elle; elle ne se soucie pas d'être entendue, il lui suffit d'être écoutée; aussi n'a-t-elle aucune connaissance de l'esprit, des talens, des défauts et des ridicules de ceux qui l'environnent. L'on a dit d'elle qu'elle n'était point sortie de chez elle, et qu'elle n'avait pas même mis la tête à la fenêtre.

» Elle a passé sa vie à rassembler des plaisirs et des amusemens de tout genre; elle n'épargne ni soins ni dépense pour rendre sa cour agréable et brillante. Enfin Mme la duchesse du Maine est faite pour faire dire d'elle, sans blesser la vérité, beaucoup de bien et beaucoup de mal. Elle a de la hauteur sans fierté, le goût de la dépense sans générosité, de la religion sans piété, une grande opinion d'elle-même sans mépris pour les autres, beaucoup de connaissances sans aucun savoir, et tous les empressemens de l'amitié sans en avoir les sentimens. »

LETTRE CLXXIX.

1783.

L'Almanach des Muses de cette année est composé, comme tous les autres, de quelques pièces connues que les amateurs avaient déja distinguées dans les journaux; d'un grand nombre de poésies d'une médiocrité insipide, tirées du porte-feuille de nos jeunes versificateurs de Paris et des provinces, pour qui cet almanach est le seul Parnasse où ils puissent monter; enfin de quelques morceaux échappés à des écrivains de mérite, qui se trouvent là en assez mauvaise compagnie. On ne doit pas être étonné de cet alliage, quand on voit le rédacteur de l'almanach rendant compte lui-même, dans le journal de Paris, de son recueil annuel, et mettant sur la même ligne Voltaire, Dorat et Pezay, *ces charmans génies*, dit-il, *objets perpétuels de nos regrets*. Cette étrange accolade qui est le comble de l'impertinence et du ridicule, prouve les progrès qu'a faits le mauvais goût et l'empire qu'on lui laisse prendre tous les jours.

D'après les arrêts de l'almanach, il n'y a point de rimeur de café qui ne puisse se flatter d'être le rival de Voltaire dans le genre des poésies fugitives : voilà où nous en sommes venus.

Parmi les bons morceaux épars dans cette collection informe, on remarque sur-tout deux ou trois pièces de M. de Fontanes, celui de tous nos jeunes gens qui annonce le plus de talent pour la poésie. La moins finie est une traduction d'une ode d'Horace, *Sic te, diva potens* : elle exigerait bien des corrections; mais la négligence n'est pas le mauvais goût, et l'esprit poétique se montre toujours. Une autre, intitulée le *Chant du Barde*, m'a paru la meilleure. L'auteur y a rapproché fort heureusement les beautés semées par intervalles dans les poésies d'Oscian. Une troisième pièce, intitulée la *Chartreuse de Paris*, d'un très-bon goût de versification, est une peinture de l'enclos des Chartreux, et des impressions qu'il fait éprouver. Il y a un endroit qui rappelle un peu *Mélanie*, celui où l'auteur parle de cette espèce de calme que la solitude d'un cloître porte au fond du cœur. Mais il y a cette différence, que M. de Fontanes veut prouver la paix de l'ame des solitaires par celle de leur demeure, au lieu que dans *Mélanie* ce calme apparent n'est représenté que comme une image trompeuse qui contraste avec les regrets et les remords dont ces solitaires sont trop souvent déchirés; et ces deux points de vue si différens peuvent avoir leur vérité, selon l'application. L'auteur de *Mélanie* n'a jamais prétendu qu'il n'y eût pas beaucoup de bons religieux; il le dit même expressément dans la pièce. Je ne tirerai pas non plus de conséquences générales de cette réponse faite à un voyageur qui admirait un beau point de vue, du haut d'une chartreuse d'Italie : *La belle demeure*, dit-il au moine qui la lui montrait : *Transeuntibus*, dit celui-ci; *oui, pour ceux qui passent.*

On remarque aussi dans ce même almanach deux traductions qu'a faites le chevalier de Boufflers, l'une de l'*ode* d'Horace, *otium divos*, l'autre d'un morceau de Claudien. On voit à la pureté du style et du goût, qu'il traduit plus sévèrement qu'il ne compose.

M. de la Croix, avocat, continue de publier par cahier son ouvrage sur les *Progrès de la civilisation*. Il est bon de savoir que ce titre n'a qu'un rapport très-éloigné avec son livre, qui ne roule guères que sur les *abus* de notre jurisprudence criminelle. Il serait à souhaiter que cet ouvrage fût écrit d'un style plus sain et plus ferme ; car il est plein d'idées utiles, et la jurisprudence qu'il attaque est depuis long-temps un objet de censure pour tout esprit raisonnable. Malheureusement M. de la Croix étant avocat, écrit en homme de barreau, c'est-à-dire, d'assez mauvais goût, et en homme qui ménage et craint le parlement, double inconvénient dans une matière où l'on ne saurait avoir trop et trop fortement raison.

LETTRE CLXXX.

L'abbé de Mably, frère de feu M. l'abbé de Condillac, et auteur de quelques ouvrages sur l'histoire ancienne et moderne, particulièrement sur celle de France, où l'on a trouvé des connaissances et des chimères, de bons principes mal appliqués, un ton dogmatique et un style médiocre, vient de publier une brochure *sur la manière d'écrire l'Histoire*, qui a fait plus de bruit qu'aucun de ses autres ouvrages. Il a pris cette fois le moyen le plus sûr pour avoir beaucoup de lecteurs, celui de dire du mal de beaucoup de monde, de Voltaire, de Buffon qui pourtant n'a rien écrit sur l'histoire, de Robertson, de Hume, de Gibbon, de Tacite, etc. Enfin les deux seuls hommes dont il dise du bien, sont Tite-Live chez les anciens, et parmi nous l'abbé de Vertot. Son ouvrage est en forme de dialogue : des deux interlocuteurs, l'un enseigne et l'autre s'instruit, et ce dernier, comme c'est la coutume, est ce que nous appelons un plat *compère*, admirant toujours tout ce qu'on lui dit, et ne trouvant lui-même rien à dire. Au reste, les principes généraux que donne l'abbé de Mably pour écrire l'histoire sont fort raisonnables ; mais aussi c'est ce que tout le monde savait. Point de ces vues approfondies, de ces idées lumineuses qui en font naître d'autres, et qui caractérisent un écrivain penseur, et c'est ici qu'il fallait l'être. La diction est familière et négligée, à quelques pages près assez bien écrites ; mais ce qui est choquant, c'est la manière dont il traite Voltaire. Jamais la haine qui contrefait mal-adroitement le mépris, n'a entassé plus d'invectives, et ne s'est exhalée en injures plus grossières. L'auteur de l'*Histoire de Charles XII est un fou qui court après un fou.... il ne voit pas au bout de son nez, etc.* Il semblerait du moins que les remarques critiques sur les fautes de Voltaire, considéré comme historien, dussent être d'une gravité et d'une évidence capable, non pas de justifier un ton que rien ne peut rendre excusable, mais du moins de faire voir que Voltaire n'est en effet qu'un très-mauvais historien. Point du tout : autant il y a de violence dans les injures, autant il y a de faiblesse et de mauvaise foi dans les reproches. Il relève une phrase de mauvais goût, il est vrai, et indigne du style de l'histoire ; mais cette phrase n'est ni dans le *Siècle de Louis XIV*, ni dans la *Vie de Charles XII*, ni dans l'*Essai sur l'Histoire générale* ; elle est dans une espèce de dissertation intitulée *de la Philosophie de l'Histoire*. Il expose magistralement ce que Voltaire aurait dû faire dans l'*Histoire de Charles XII*, et il se trouve que c'est précisément ce qu'il a fait. Il lui reproche d'avoir établi en principe que le public était *une machine sur laquelle il fallait frapper fort plutôt que juste* ; et cette plaisanterie rapportée par d'Alembert, et qui n'aurait aucun sens s'il s'agissait de l'histoire, a été dite à propos des jugemens du parterre et des effets du théâtre. C'est de la part de l'abbé de Mably un mensonge calomnieux. Il relève quelques inexactitudes de faits et où n'en trouverait-on pas, surtout dans un long ouvrage ? Et lui-même dans une très-courte brochure, s'étend beaucoup sur la mort d'Helvidius, rapportée, dit-il, par Tacite ; et il se trouve que dans ce qui nous reste de Tacite, il n'y a pas un mot de la mort d'Helvidius, et que ce morceau est un de ceux que nous avons perdus. Il résulte de l'examen de cette brochure, qu'elle n'a pu être écrite que par un homme d'un esprit chagrin, jaloux, haineux, qui voudrait bien ne laisser personne à sa place; parce que lui-même n'est pas content de la sienne. Il y a même ici de la lâcheté à attaquer ainsi celui qui ne peut plus se défendre ; car pendant la longue vie de Voltaire, l'abbé de Mably qui le haïssait, n'a jamais osé écrire une ligne contre lui.

Notre prix d'*utilité* vient d'être adjugé pour la première fois au livre intitulé *Conversations d'Emilie*, dont l'objet est l'éducation de la première enfance. L'auteur est Mme d'Epinay, qui, contre mon avis, et je crois, celui du public, l'a emporté sur Mme de Genlis. Il est vrai qu'elle s'est mise à guerroyer fort gratuitement, et qui pis est fort maladroitement, contre les philosophes; mais qu'importe? qu'on lui réponde, si elle en vaut la peine, et qu'on la couronne si elle le mérite. Je suis peut-être celui qu'elle a le plus maltraité, et je sais pourquoi. Tant-pis pour elle ; mais ses torts ne font rien à ses ouvrages, et son *Théâtre d'Education* devait avoir la palme.

L'abbé Porquet, connu pour faire scrupuleusement de petits vers sur de petits sujets, en a fait dernièrement de fort bien tournés, en réponse à une personne qui demandait ce que c'était que des longueurs * dans un ouvrage.

> Est trop court qui me plaît, est trop long qui m'ennuie.
> Sur l'inutile seul le bon goût se récrie,
> Et le sentiment même à sa précision.
> La richesse de l'art naît de l'économie ;
> Dans un tableau bien fait tout est expression.
>   Cette science est peu commune ;
>   C'est le secret des bons auteurs.
> L'ouvrage le plus court peut avoir des longueurs ;
>   Le plus long n'en avoir aucune.

Le comte de Tressan, dont l'imagination est encore jeune à l'âge de soixante et dix-huit ans, vient d'adresser à ses enfans des

---

* Cette espèce de critique, la plus facile de toutes, était devenue le refrain de ceux qui ne savaient que dire : *il y a des longueurs*, c'est ce qu'on disait même des tragédies de Racine, qui ne sont longues que pour ceux qui ont les oreilles longues et le jugement court. Champfort releva un jour fort plaisamment cette redite insignifiante dans une société où elle avait été fort prodiguée. *Comment trouvez-vous cela ?* lui dit quelqu'un qui venait de lui montrer un distique. *Il y a des longueurs*, dit Champfort.

vers qui m'ont paru d'un goût tout-à-fait anacréontique.

 Les fleurs nouvellement écloses
 Ont encor pour moi des appas.
Eloignez ces cyprès, approchez-moi ces roses;
 Disait le vieillard Philétas.
 Chers enfans, conduisez mes pas
Aux treilles de Bacchus, aux rives du Permesse,
 Quelquefois même aux bosquets de Paphos.
 La vieillesse est un doux repos;
Mais il faut l'animer : les jeux de la jeunesse,
 Ses plaisirs, ses rians propos,
Emousseront pour moi le ciseau d'Atropos.
 Je jouirai d'un jour de fête;
Des lilas de Tempé, des pampres de Naxos,
 On y couronnera ma tête.
 Vieillards, fuyez les tranquilles pavots.
Chantez Bacchus, l'Amour, et le Dieu de Délos.
Songez que sur le Tems, et sa faulx qui s'apprête,
Un jour heureux de plus est un jour de conquête,
 Et le prix des plus longs travaux.

4.   E

LETTRE CLXXXI.

Le très-grand succès du *Roi Léar*, tragédie nouvelle de M. Ducis, imitée de Shakespeare, est une époque remarquable à bien des égards. Mais avant d'exposer les réflexions qu'il peut faire naître, il est à propos de se faire une idée du sujet et de la manière dont il est traité.

Il y a peu de choses à dire de la pièce anglaise : c'est un monstre comme toutes celles de l'auteur. Il faut observer pourtant que dans *Othello, Hamlet, Macbeth, Jules-César*, il y a, parmi toutes les fautes possibles, de grands traits de génie, des scènes dont le fond est dramatique. Dans *Léar* il n'y a rien, pas même l'intérêt que pouvait offrir l'idée d'un roi chassé par des enfans ingrats ; situation qui a fourni à Sophocle, dans *OEdipe à Colonne*, des beautés sublimes et des scènes pathétiques. Ce germe d'intérêt est étouffé dans l'ouvrage anglais, parce que Léar, avant la disgrâce qui a troublé sa raison, n'a été qu'un vieillard imbécille et odieux, qui a eu à l'égard de

ses filles une conduite insensée et atroce.
M. Ducis a emprunté de l'anglais le fond du
sujet, la démence du roi Léar et les caractères
principaux ; il a écarté beaucoup d'épisodes
dégoûtans, et imité quelques détails. Voici
comme est arrangée sa fable.

Léar, roi de la Grande-Bretagne, voulant abdiquer la couronne, a partagé ses
états entre ses deux filles, Régane et Volnérille : celle-ci est mariée au duc d'Albanie,
l'autre au duc de Cornouailles. A l'égard
d'une troisième fille nommée Elmonde, on
l'a calomniée auprès de lui et accusée d'intelligence avec les ennemis de l'Etat. Il l'a
condamnée sans la plus légère preuve, et
cette malheureuse princesse s'est sauvée au
fond d'une forêt, où elle a vécu dans la maison d'un vieux paysan. Léar qui avait fixé sa
demeure chez Volnérille, est fort mécontent
de la manière dont il y est traité ; sa raison
commence à s'affaiblir et par les ans et par
le chagrin. Telle est l'idée qu'on nous donne
de ce pauvre vieillard, que pourtant son
gendre le duc de Cornouailles trouve si fort
à craindre dans ce misérable état, qu'il croit
nécessaire de s'en défaire, de peur qu'il ne
soit tenté de remonter sur le trône. Cepen-

E..

dant un vieux comte de Kent, ami du vieux Léar, paraît sur la scène avec ses deux fils. L'un d'eux nommé Edgar est celui qui a favorisé la fuite d'Elmonde, et qui sait le lieu de sa retraite ; il est sûr de son innocence, et il assemble, pour la venger, un corps de troupes qu'il cache dans les bois. Son frère est un personnage tellement inutile dans la pièce qu'on ne sait pas même à la fin ce qu'il devient, et l'on s'en passe bien. Tel est à-peu-près le résumé qu'on peut tirer d'un premier acte aussi long qu'embrouillé, surchargé de deux ou trois expositions qui n'exposent rien, pas même le lieu de la scène. Il est impossible, pendant cet acte et le second, de deviner où se passe l'action, pourquoi les personnages sont là, ni d'où ils viennent. Léar paraît dans le second acte ; il a quitté le palais de Volnérille, et arrive tout seul, on ne sait où ni chez qui. On voudroit savoir aussi les sujets de plainte qu'il a : la seule chose qu'on puisse comprendre à travers ses déclamations, c'est qu'on l'a laissé manger seul dans sa chambre, pendant qu'on chantait et qu'on dansait dans le palais. Il n'est pas fort étonnant qu'un vieillard infirme et imbécille ne figure pas dans une jeune cour au milieu des fêtes. Il n'y a pas là de quoi se répandre en malédictions, ni de quoi s'en aller tout seul courir les champs. Ce qui doit étonner davantage, c'est que Cornouailles et Volnérille, qui craignent qu'on ne remette ce vieillard sur le trône, ne veillent pas même à ce qu'il ne puisse pas s'en aller, quoique son état d'imbécillité soit un prétexte si honnête pour le garder à vue. Un roi de cet âge et dans cet état, courant tout seul la nuit, est un conte des *Mille et une nuits*, et un spectacle digne des petites-maisons. Quoi qu'il en soit, il trouve sur la scène son autre fille Régane, qui lui offre un asyle le plus honnêtement du monde, ce qui n'empêche pas que saisi tout-à-coup de son accès de folie, il ne la prenne pour Volnérille, et ne l'accable de reproches et de malédictions. Son ami Kent lui offre de le conduire dans une retraite qu'il a dans les bois. Il s'élève un orage épouvantable ; on entend tomber la pluie et gronder le tonnerre, ce qui ne doit pas trop réjouir un vieillard à pied, et qui doit être las de la course qu'il vient de faire. Point du tout ; le voilà enchanté, et il s'écrie :

Je sens qu'avec plaisir je verrai la tempête.

Là-dessus il converse avec les vents et la foudre, et leur dit qu'il n'a point de reproche à leur faire, qu'*ils ne sont point ses enfans*, qu'*il ne leur a rien donné*, qu'il leur offre *la nudité de son front*, etc. Tout cela peut paraître un peu extraordinaire; mais on répond, il est fou; et tout est dit. Oh! c'est une chose bien commode que de mettre un fou sur le théâtre, et je ne doute pas que la mode n'en vienne.

Léar égaré dans la nuit, et causant toujours avec le mauvais temps, retrouve pourtant son fidèle Kent qui l'avait perdu de vue. Tous deux apperçoivent une cabane qui leur paraît habitée : c'est celle où demeure le vieux paysan qui loge Elmonde. On s'attend à une reconnaissance du père et de la fille, et comme Léar n'a cessé de se reprocher son injustice envers elle, quoiqu'il n'ait pas plus de raisons pour la croire innocente qu'il n'en avait de la croire coupable, cette situation annonce de l'intérêt; mais l'auteur qui a besoin d'un quatrième acte, n'a trouvé d'autre moyen pour se le réserver, que de gâter la scène qui devait être la seule dramatique de son ouvrage. A peine Elmonde s'est-elle nommée à Léar qui ne la reconnaissait pas, que ce père qui dans son malheur ne formait d'autre vœu que celui de la revoir, tire son épée et veut se tuer, pour se punir d'avoir été injuste envers elle. Jamais il n'y eut au théâtre un mouvement plus faux; jamais on n'a donné à la nature un démenti plus formel; car il est de fait que même dans l'espèce d'aliénation qui naît de la douleur, il y a toujours de ces idées premières qui dominent dans une tête dérangée, et ce sont celles qui tiennent à un sentiment profond. Léar, en revoyant cette innocente Elmonde qu'il a opprimée, doit fondre en larmes dans ses bras, à moins qu'il ne soit dans une stupidité totale, et ce n'est pas l'état où l'auteur le représente: sa raison qui se trouble, quand il plaît à l'auteur, a des intervalles lucides. Cela est si vrai qu'au quatrième acte, cette scène devient à-peu-près, au moins pour l'effet, ce qu'elle devait être au troisième; mais ici Elmonde effrayée lui crie qu'elle n'est point sa fille. Il retombe dans un égarement furieux, et on l'amène dans une caverne pour le cacher aux poursuites de Cornouailles, qui dans ce moment le fait chercher par-tout: ainsi finit le troisième acte.

Au quatrième, le jeune Edgar paraît avec sa troupe, va chercher Elmonde dans sa retraite, et la présente à ses soldats; il les exhorte à la venger et à remettre Léar sur le trône, et sort pour aller exécuter ses projets. Cependant la tempête est enfin calmée, et comme il faut que la reconnaissance se fasse sur la scène, l'auteur qui a besoin d'amener aux yeux des spectateurs ce vieillard qu'on a tant d'intérêt à cacher, imagine un prétexte non moins étrange que tout le reste.

Voilà un bien beau temps, dit Elmonde : pourquoi mon père n'en jouirait-il pas? cela le guérira peut-être; et en effet, comme il n'y a rien de plus efficace qu'un beau soleil pour guérir de la folie, on apporte Léar endormi sur un lit de roseaux. Elmonde lui adresse, pendant son sommeil, une apostrophe d'environ cinquante vers, et demande ensuite à Kent s'il ne connaît pas quelque moyen de rétablir l'esprit affaibli du vieux roi : Kent lui dit qu'il y a des herbes qui produisent cet effet. Là-dessus, apostrophe aux *végétaux*.

Végétaux précieux,
Si vous pouvez *m'entendre et sentir mes alarmes*,
Fleurissez pour mon père, et *croissez sous mes larmes*.

Ces *végétaux* qui ne peuvent ni *entendre* ni

sentir des alarmes, ni *croître sous des larmes*, ne répondent rien ; mais Léar se réveille aux cris de sa fille, et ici pourtant commence une scène où il y a de l'intérêt, du moins si l'on peut oublier tout ce qui la précède et ce qui la produit. Elmonde, avant de se faire reconnaître à son père, s'efforce de ramener sa raison, de remettre quelque ordre dans ses idées. Il y a encore bien des inepties ; mais la situation est touchante, et il y a quelques mots heureux. Arrive Cornouailles avec des soldats et des flambeaux, pour descendre dans les souterrains où on lui a dit que Léar est caché avec Elmonde. Mais on a bien vîte niché Léar dans le creux d'un arbre ; les soldats entrent dans la caverne ; on ne l'y trouve point, et l'on veut forcer Elmonde à découvrir la retraite de son père. Il entend cette altercation ; il sort de son trou et arrive en criant, *me voilà ! me voilà !* On a vu le temps où une pareille scène aurait fait pouffer de rire : elle a été applaudie comme tout le reste.

Il n'est pas possible de démêler les ressorts du dénouement : c'est une complication d'événemens inexplicables. Le résultat est qu'Edgar est battu et pris, qu'il est, ainsi que

Léar, entre les mains de Cornouailles; qui a donné ordre de faire périr Elmonde; qu'Edgar seul et désarmé harangue sur la scène, pendant un demi-quart d'heure, les soldats de Cornouailles, et s'efforce de les soulever contre lui, tandis que celui-ci, en l'écoutant, reste immobile et muet. Cette incompréhensible scène finit par le soulèvement des soldats de Cornouailles, et ce tyran baaucoup plus imbécille que Léar, et qui au premier mot d'Edgar aurait dû le poignarder, se tue lui-même. Reste à délivrer Elmonde; le duc d'Albanie s'est chargé de ce soin. Il s'est brouillé avec Cornouailles, et il ramène la fille dans les bras du père, qui la donne pour femme à Edgar, quoique dans toute la pièce on n'ait pas dit un mot qui pût faire croire qu'ils fussent amoureux l'un de l'autre; ce qui pourtant, ce me semble, n'aurait nui à rien, puisqu'on voulait finir par les marier.

Mais comment, dira-t-on, cet incroyable amas d'absurdités révoltantes, de niaiseries puériles, de déclamations ridicules et ampoulées, de lieux communs en vers barbares, a-t-il obtenu un succès aussi grand que *Zaïre* et *Mérope*? On pourrait en donner bien des raisons; mais la principale, c'est que nos spectacles ne sont plus, ce qu'ils ont été, une assemblée choisie d'amateurs et d'hommes plus ou moins instruits : c'est le rendez-vous d'une foule désœuvrée et ignorante, depuis que le peuple des petits spectacles n'a eu besoin pour envahir les grands, que de payer un peu plus cher un plaisir dont on lui a donné le goût, et qui n'était pas fait pour lui. La multitude des sots donne la loi du moment; elle veut faire des réputations à son gré, et la cabale des mauvais écrivains est réunie pour détruire tout principe de goût et toute raison. Ils ont senti leur force, leurs intérêts et leurs besoins; et l'esprit de parti, né de la haine secrète qu'on porte au petit nombre de vrais talens, hâte les progrès de la barbarie, et précipite la décadence des lettres. La seule espérance qui reste encore, c'est que du moins jusqu'ici les succès de ce genre n'ont été que passagers, et que la voix des connaisseurs, au bout de quelques mois, met à leur place ces productions insensées. Tout ce qu'il y a d'hommes éclairés dans Paris, se récrie sur le scandale d'un tel succès. Il est même à remarquer que cette pièce tant applaudie à la ville, a très-mal réussi à la cour. Un autre ouvrage de M. Ducis, *OEdipe chez Admète*, malgré les deux belles scènes empruntées à Sophocle, est tombé entièrement à la reprise, parce qu'on s'était enfin apperçu de l'énorme disconvenance de deux tragédies étrangères l'une à l'autre, et réunies ensemble. Il est à présumer qu'il en sera de même de ce monstre anglais, et qu'il ne se naturalisera point parmi nous. Mais c'est toujours une chose honteuse et déplorable, que la facilité d'obtenir un si grand succès avec des ouvrages si extravagans.

LETTRE CLXXXII.

Il ne serait pas juste de confondre avec les libelles qui sortent des presses étrangères, et qu'on vend à Paris sous le manteau, un ouvrage sur les *Lettres de cachet et les prisons d'Etat*, qu'on dit être de M. de Mirabeau, fils de celui qui a fait l'*Ami des hommes*. Un véritable ami des hommes serait sans doute celui qui parviendrait à détruire ce funeste usage des emprisonnemens arbitraires ,, déshonorant pour toute nation qui se vante d'être policée et d'avoir un gouvernement légal. M. de Mirabeau fils enfermé plusieurs fois sur la requête de son père, peut l'avoir été pour de bonnes raisons; mais une lettre de cachet est une mauvaise raison. Il date son ouvrage de la prison de Vincennes, où il a été détenu pendant des années, et les années sont longues à Vincennes comme à la Bastille; mais le livre n'a été répandu que depuis que l'auteur est libre et retiré en Languedoc. Cet écrit prouve des connaissances et du talent; il y a plusieurs morceaux d'une éloquence énergique, qui tient à un sentiment profond de la justice et de la liberté. On y trouve aussi des détails curieux et effrayans sur l'administration intérieure des prisons d'Etat. Voilà le mérite de cet ouvrage, qui d'ailleurs est beaucoup trop long, d'un style diffus, inégal et déclamatoire, ennuyeusement chargé de citations et d'autorités. Certes, c'est faire trop d'injure à la raison humaine, que d'employer deux volumes à prouver méthodiquement que tout emprisonnement arbitraire est un outrage aux droits naturels de l'homme, et une infraction de toutes les loix sociales et politiques. Un esprit meilleur que le sien aurait suivi un autre plan ; sans perdre son temps à prouver ce qui est clair, il se serait occupé à chercher le remède à un si grand mal, et il n'y en a qu'un : c'est de démontrer au souverain dont le nom et l'autorité servent de prétexte à cette oppression, que non-seulement un pouvoir légitime n'a nul besoin de se soutenir par des moyens illégitimes, mais même que le monarque est le seul qui n'ait jamais intérêt à violer les loix, et que lorsqu'on les viole en son nom, c'est toujours la faute de ses ministres * qui

---

* C'est une vérité qui a été fortement sentie par le

le lui laissent ignorer, ou qui viennent à bout de le rendre très-gratuitement complice de leurs injustices et de leurs passions. Voilà ce que l'on pourrait porter jusqu'à l'évidence, sur-tout dans un gouvernement aussi paisiblement absolu que le nôtre, où il est impossible que le roi ait jamais rien à craindre de ses sujets *, ni le plus léger intérêt d'en opprimer aucun.

C'est cette même autorité arbitraire qui a fait de la censure des ouvrages d'esprit une inquisition aussi inconséquente que vexatoire dans ses principes et dans ses effets. Non-seulement un manuscrit passe par les mains de plusieurs censeurs qui ne sont point obligés de motiver leur jugement, du moins pour l'auteur ; mais après avoir été approuvé, il est encore livré à des censeurs anonymes, et par conséquent dispensés de rougir, et sur leur rapport un livre est arrêté même après l'impression, au risque de ruiner l'auteur ou le libraire, qui pour-

---

peuple anglais, qui en a fait une des bases de sa législation.

* *Nescia mens hominum fati sortisque futurae.*
Virg.

tant n'ont imprimé que sur la foi d'une approbation légale. Ceux qui agissent ainsi, seraient du moins conséquens, s'ils étaient les maîtres de l'Europe comme de la France; mais comment peuvent-ils oublier que les écrivains à qui l'on refuse à Paris une liberté décente et honnête, peuvent, à soixante ou quatre-vingts lieues, aller jusqu'à la licence, et passer toutes les bornes, précisément parce qu'on n'aura gardé aucune mesure avec eux? Ce raisonnement si simple paraît pourtant au-dessus de la portée de nos inquisiteurs, et l'expérience même ne les corrige pas, tant on est naturellement porté à abuser du pouvoir, même à son propre détriment.

S'il y a un genre d'écrits qui semble donner peu de prise à cette espèce de censure, c'est sans doute une tragédie qui par sa nature même est un ouvrage moral, dans lequel l'auteur se nuirait à lui-même, s'il voulait y autoriser de mauvais principes ou de mauvais exemples. C'est pourtant au théâtre que l'on a le plus multiplié les entraves. On vient de défendre la représentation de deux tragédies, *Constantin, roi d'Ecosse*, et *Elizabeth de France*. Je ne connais point la première;

M. Lefèvre, auteur de la seconde, m'en a fait la lecture, et quoique ce né soit pas un bon ouvrage, il y a du mérite et des morceaux bien écrits ; il pourrait avoir du succès : c'est donc un tort cruel que l'on fait à l'auteur. Son sujet est la mort de D. Carlos, déja traitée par Campistron sous le nom d'*Andronic*. Pourquoi s'opposerait-on à ce qu'on mît ce sujet sur le théâtre de Paris, lorsqu'on a vu sur celui de Versailles la trahison du *Connétable de Bourbon*, représentée devant toute la cour ? Si un événement qui s'est passé il y a deux siècles, ne peut pas être mis sur la scène, il faut donc que les auteurs dramatiques renoncent à puiser leurs sujets dans l'histoire *.

La tragédie de M. Lefèvre, quoiqu'il y

---

* C'est raisonner en auteur tragique qui ne connaît rien d'un plus grand intérêt que son art. L'ambassadeur d'Espagne avait demandé, et avec raison, que la représentation de *Dom Carlos* ne fût pas permise. Comment la cour de France aurait-elle pu, sans blesser toutes les bienséances, mépriser la juste réclamation d'une puissance alliée par les traités et par le sang, et souffrir qu'on flétrît sur la scène la mémoire d'un roi d'Espagne ? Le théâtre n'a pas à cet égard toute la liberté de l'histoire.

ait peu d'action, que le style en soit incorrect et rempli de réminiscences, a pourtant des beautés réelles et qui lui feraient honheur. Tel est par exemple le morceau suivant où il peint une entrevue de Philippe II et de D. Carlos, et que l'auteur m'a permis de transcrire : c'est D. Carlos qui parle.

> J'ALLAIS, devançant l'heure à l'état consacrée,
> Aux portes du conseil épier son entrée. (*Phil. II.*)
> Je pensais à mon tour, dans un transport plus doux,
> Lui surprendre un regard désarmé de courroux. *
> Qui sait même où m'aurait emporté ma tendresse ?
> Qui sait si de ses yeux la plus simple caresse,
> Dégageant mes esprits d'un reste d'embarras,
> Ne m'eût point tout-à-coup fait voler dans ses bras ?
> Il parut.... ses regards, son front, tout son visage,
> Semblaient enveloppés d'un sinistre nuage.
> Il ne jetait sur moi que des yeux ennemis ;
> Majestueux, mais sombre, il observait son fils.
> J'ai senti, cher Alvar, à cet aspect farouche,
> L'accent de la nature expirer dans ma bouche **,
> Mon cœur prêt à s'ouvrir, se refermer soudain,
> Et mes bras étendus retomber sur mon sein.
> J'ai reconnu Philippe où je cherchais mon père.

---

* *Désarmé de courroux* est une fort belle expression : c'est un des beaux vers de Rhadamiste :

> Le cœur, à ton aspect, désarmé de courroux,
> Je ferais mon bonheur de revoir mon époux.

** Je sentis le reproche expirer dans ma bouche.   RACINE.

Il s'en faut de beaucoup que toute la pièce soit écrite de cette manière; mais il n'y a pas dans le *Roi Léar*, aujourd'hui si ridiculement applaudi, un seul morceau dont le style soit aussi élégant et aussi tragique que celui-là.

Les nouveautés du théâtre italien tombent les unes sur les autres. En voilà quatre qui dans l'espace de trois semaines n'ont fait que paraître et disparaître : une *Céphise* de M. des Vivetières ; les *Trois Inconnues*, de M. Desfontaines; (ces *trois Inconnues* étaient les Grâces qu'en effet personne n'a reconnues :) *Sophie Francour*, de M. le marquis de la Salle, et une pièce sur la paix, qui avait pour titre *Henri d'Albret, Roi de Navarre* ; par un nommé Dorfeuille, comédien de province, qui en a fait une autre pour le théâtre français, sur le même sujet, intitulée le *Soldat laboureur*, que l'on va jouer. Il a fait, comme l'on voit, son thême de deux façons : dieu veuille que la seconde vaille mieux que la première.

Au théâtre français, M. Vigée, frère de M.me Lebrun, femme charmante et d'un talent très-distingué dans la peinture, a voulu s'essayer dans la comédie : il vient de donner un

F..

petit acte qui a pour titre les *Aveux difficiles*, et qui a été joué avec succès. Le fond est peu de chose : ce sont deux amans qui, sur le point d'être mariés, ont été éloignés l'un de l'autre pendant trois ans, et qui dans cet intervalle, comme on peut bien s'y attendre, ont changé tous les deux. Ils se craignent l'un l'autre, et sont également embarrassés à se faire l'aveu de leur inconstance mutuelle, ce qui forme une situation à-peu-près semblable à celle des deux sœurs dans le *Dédit*, qui se mettent à genoux l'une devant l'autre pour se demander pardon d'un même changement. Mais si le fond de la pièce est commun, le style en général est facile et d'un goût assez pur ; il y a de jolis vers, et c'est toujours un mérite.

Parmi les bagatelles courantes, les deux couplets suivans du chevalier de Boufflers m'ont paru pouvoir être recueillis. Ils sont bien certainement de lui, et la plate turlupinade sur la *Création*, qu'on avait mise sous son nom, et que d'autres attribuaient à Sedaine, est d'un M. Coqueley de Chaussepierre, et très-digne d'en être.

Air : *Tandis que tout sommeille.*

Le sexe enfin s'éclaire,
Il permet de changer.

On peut être léger,
Sans risquer de déplaire.
　Les tendres feux
　Sont ennuyeux,
Quand ils sont trop fidèles.
La constance est de mauvais ton.
Nous n'avons plus de Céladon,
Et ces dames trouvent fort bon
　Que l'on fasse comme elles.

Il n'est si douce chaîne
Qui ne blesse à la fin.
Ce qui plaît au matin,
Souvent le soir nous gêne.
　Sans liberté,
　La volupté
N'est bientôt qu'une peine.
Que parmi nous tout soit commun,
Plus de tyran, plus d'importun,
Et que chacune et que chacun
　En ait une douzaine.

LETTRE CLXXXIII.

Les musiciens les plus célèbres de l'Europe viennent tour-à-tour essayer leurs talens sur le théâtre de Paris. Après Gluck, Piccini et Back, voilà Sacchini qui vient de nous donner un opéra de *Renaud;* mais le succès en a été médiocre, et n'a pas répondu à la grande réputation du compositeur. Soit qu'il ait négligé son ouvrage, soit qu'accoutumé à faire réussir un opéra en Italie avec quelques beaux airs, il n'ait pas pris une idée assez juste de ce qu'on exige dans un opéra français, il est certain qu'à l'exception de deux ou trois morceaux où l'on retrouve le caractère d'un grand maître, sa musique a paru faible et remplie de traits déja connus. Il est vrai qu'il a été bien mal servi par le poëte : les paroles qui sont de M. le Bœuf, sont extrêmement plates, et le fond du poëme qui est emprunté de l'abbé Pellegrin, est dénué de tout intérêt. Armide y est indécemment avilie, toujours suppliante aux pieds de Renaud, qui, après s'être fait long-temps prier, finit par lui déclarer qu'il l'aime, quoiqu'il n'y ait pas le moindre changement dans sa situation, et qu'il n'y ait eu aucune raison connue pour lui cacher d'abord son amour, ni pour y céder ensuite. On n'est pas moins surpris d'entendre des mahométans invoquer Tisiphone, Alecton et Mégère, divinités du paganisme qui ne se trouvent point dans l'Alcoran : cette ignorance est inexcusable.

On a réuni dans un petit volume d'une impression assez jolie, *les œuvres du chevalier de Boufflers et du marquis de Villette*. On s'attend bien que la première partie de ce recueil sera infiniment supérieure à la seconde ; mais pour donner du relief à celle-ci, on y a inséré une douzaine de lettres de Voltaire qui sont très-jolies et très-amusantes, comme tout ce qu'il écrivait en ce genre. Il y en a une entre autres où il ne s'agit que de demander des petites pinces pour s'arracher la barbe, et qui fait voir le talent qu'il avait d'orner les plus petites choses.

Le jeune la R*** l'avocat, connu dans Paris par beaucoup de ridicules, comme son père le *Publicain*, (c'est ainsi qu'il l'appelle) par ses richesses et le luxe de ses soupers, vient d'imprimer une brochure qui a pour titre,

Réflexions philosophiques sur le plaisir. Ce titre n'a rien de commun avec l'ouvrage qui ne contient qu'une censure vague et souvent usée des mœurs du jour. Cependant on y remarque plus d'esprit qu'on n'en supposait à un homme qui passait pour une espèce de fou. Il y a des observations assez justes, parmi beaucoup de lieux communs et d'idées fausses. M. Thomas y est traité très-durement et M. Dorat y est fort loué, ce qui peut servir à faire apprécier la critique de l'auteur. Ce qu'il y a de plus curieux, c'est l'avertissement qui se trouve à la tête de cette brochure.

« Les circonstances favorables dans lesquelles paraît cet ouvrage, l'importance du sujet, l'étendue de la matière, et l'attention scrupuleuse avec laquelle on a soigné la partie typographique, tout semblait permettre d'en porter la valeur à 30 sols, et personne sans doute n'aurait eu raison d'en murmurer.

» Mais l'auteur, jaloux de donner à son livre *une publicité relative à l'utilité* dont il peut être, et de le mettre, par sa modicité, à la portée de toutes les classes de lecteurs, *en a irrévocablement fixé* le prix à 24 sols, broché, franc de port par tout le royaume. »

LETTRE CLXXXIV.

Le hasard a mis sous mes yeux dans le même moment deux brochures nouvelles d'un style fort différent, et qui peuvent servir à faire connaître la distance du véritable esprit à l'esprit faux et apprêté. La première de ces brochures est une *Lettre à l'abbé Raynal*, sur les erreurs où il est tombé en parlant de la révolution de l'Amérique-Anglaise, dans la dernière édition de son *Histoire philosophique des deux Indes*. Cette lettre est de M. Payne, écrivain anglais, connu sur-tout par un petit ouvrage politique qui a fait grand bruit en Angleterre et en Europe, intitulé *the common sense, le sens commun*. Il est membre de l'université de Pensylvanie, résidant en Amérique depuis long-temps, et à portée, autant que qui que se soit, de rectifier les méprises de faits et les fausses spéculations qu'a pu faire un étranger, qui ne peut guères être aussi bien instruit dans l'éloignement où il écrivait. L'ouvrage de M. Payne, que je n'ai lu encore que dans la traduction française qu'on en a publiée à Paris, est très-intéressant par le fond et par le style, propre à jeter un grand jour sur les principaux événemens de la guerre d'Amérique, et à faire connaître les ressorts de cette grande révolution, et le caractère des peuples aujourd'hui reconnus indépendans. La diction de M. Payne est propre à son sujet, simple et animée, mâle et énergique; ses vues sont justes et ses principes sûrs *.

Cette matière n'est pas celle de M. *Cérutti*, autrefois jésuite, et qui a conservé le ton d'un rhéteur de collège. Il fit, il y a vingt ans, une *Apologie des Jésuites*, qui n'était qu'une déclamation scholastique. Il ne paraît pas que depuis ce temps son goût se soit beaucoup formé, si l'on en juge par l'*Aigle et le Hibou*, espèce d'apologue en vers, si l'on peut donner ce nom à des lignes rimées, d'une tournure continuellement prosaïque,

---

* Cet écrivain que la révolution d'Amérique avait illustré, a perdu toute sa réputation dans la révolution française, et n'est plus estimé ni en France, ni en Angleterre, ni même en Amérique. C'est qu'il n'était pas à beaucoup près de la force qu'on lui suppose ici : il n'avait que ce qu'il faut pour marquer dans l'esprit général. Il a raisonné parmi les sages, et déraisonné parmi les fous.

et régulièrement coupée en hémistiches uniformes et symétriques, d'où résulte la plus insupportable monotonie. La fable n'est pas mieux inventée qu'elle n'est écrite. C'est un aigle qui veut apprendre à régner, et qui parcourt tous les climats pour étudier les gouvernemens. On ne voit pas trop ce que la politique de l'Europe peut apprendre à un aigle, et quand on établit une allégorie, il faut observer les rapports et les convenances. Le hibou désigne les ennemis de la philosophie et des lumières, le fanatisme et l'ignorance que l'aigle bannit loin de lui. La leçon et l'intention peuvent être fort bonnes; mais toute cette description des différentes monarchies ou républiques qui couvrent le globe, est un lieu commun usé, qui ne peut plus être permis qu'autant qu'on saura l'attacher à un plan, et en tirer des idées nouvelles et de grands résultats. On ne voit, au contraire, dans M. Cérutti qu'un auteur qui fait des phrases et aligne des mots sur des objets qui ont été traités cent fois et cent fois mieux *. Dans cette fastidieuse

---

* C'est dans le même goût que sont écrits ses deux gros volumes de *philosophie* révolutionnaire, insupportables

uniformité de tournures et d'expressions communes, on rencontre de temps en temps des termes impropres ou recherchés, autre défaut d'écolier qui se retrouve aussi dans les notes, quoiqu'en général elles vaillent mieux que les vers. Il y en a quelques-unes où il y a de l'esprit; mais c'est toujours un esprit appris. L'auteur n'a point d'idées; il cherche à orner celles que sa mémoire lui rappelle. Il compose comme un jeune rhétoricien, et l'antithèse est sur-tout sa figure favorite. Ce serait ici l'occasion de rappeler ce mot qui est d'un grand sens : *L'auteur qui veut toujours avoir de l'esprit, ne réussit qu'à le montrer, ce qui est bien peu de chose.*

Voici une chanson de M. le comte de Ségur, qui m'a paru avoir de la grâce et de la délicatesse.

Air : *Dans un verger Colinette*, etc.

Pour moi l'amour n'a plus d'aile,
Il a trop su m'enflammer.

à lire, malgré la réputation qu'on a voulu lui faire, et malgré l'incomparable honneur d'avoir prêté un nouveau nom à la rue où il est mort.

Je serai toujours fidèle :
Qui pourrais-je encore aimer,
Après avoir connu celle
Que je ne veux pas nommer ?

Que l'Amour la rendit belle
Le jour qu'il vint l'animer !
Psyché qu'il fit immortelle,
N'eût jamais su l'enflammer,
S'il eût alors connu celle
Que je ne, etc.

Pour toucher cette cruelle,
Tout mon art fut de l'aimer.
Présent, je ne vois rien qu'elle ;
Absent, tout vient m'en parler ;
Tout vient me rappeler celle
Que je ne, etc.

Sa grâce est toujours nouvelle,
Son esprit peut tout charmer.
Si Vénus est aussi belle,
Vénus sait moins bien aimer.
Voilà le portrait de celle
Que je ne, etc.

Sans égale et sans modèle
Qu'elle doit vous alarmer,
O vous qu'un amant fidèle
Jure de toujours aimer !
Tremblez s'il voit jamais celle
Que je ne, etc.

Mais j'écoute trop mon *zèle* ;
Je commence à m'alarmer.
Vous la dépeindre si belle,
Si propre à tout enflammer,
N'est-ce pas vous nommer celle
Que je ne veux pas nommer ?

LETTRE CLXXXV.

On a fait en quatre volumes une édition posthume des œuvres de M. Bordes de Lyon, homme d'esprit, qui avait eu du moins la sagesse de cultiver les lettres plutôt en amateur qu'en écrivain, et qui sûrement ne saurait pas bon gré à ses éditeurs d'avoir indistinctement livré au public ce que le plus souvent il n'avait composé que pour son propre amusement, et confié qu'à quelques amis. Il était connu dans la littérature par une très-bonne réfutation des paradoxes de Rousseau sur les sciences. Cette dispute dans laquelle il eut tout l'avantage que doit donner une bonne cause à un bon esprit, lui fit beaucoup d'honneur. On imprima ses discours à ce sujet dans toutes les éditions des œuvres de Rousseau, et ils font aujourd'hui la partie la plus estimable, sans contredit, des quatre volumes où l'on a recueilli tout ce qu'avait laissé M. Bordes dans son porte-feuille. On n'aurait pas dû y mettre une tragédie de *Blanche de Bourbon*, dans laquelle il n'y a pas une étincelle de talent, des comédies et des proverbes qui pouvaient passer comme ouvrages de société, mais qui sont fort loin du mérite nécessaire pour soutenir l'impression. A l'égard de ses poésies, il y a quelques morceaux agréables, mais en général elles sont fort médiocres, et les éditeurs auraient dû y mettre bien plus de choix. La meilleure de ses pièces est une fable imitée d'Homère, intitulée *Chloé et le Papillon* : à quelques vers près, qui ne sont pas de bon goût, c'est une jolie bagatelle ; elle a été insérée dans plusieurs recueils ; c'est ce qui m'empêche de la transcrire ici. J'aime mieux copier un morceau tiré d'une pièce sur un *Voyage d'Italie*, où se trouvent à mon gré les meilleurs vers de l'auteur.

Que d'objets ravissans pour mes regards *confus* !
Obélisques pompeux élancés jusqu'aux nues,
Temples, cirques, palais, innombrables statues
De héros immortels, de dieux qui ne sont plus !
Romains, tous les lauriers ont couronné vos têtes ;
    Enfans des Muses et de Mars,
Vous avez fait briller les doux rayons des arts,
    Parmi les éclairs des tempêtes.
Quels biens ne vous doit pas l'univers enchanté !
Ah ! votre moindre gloire est de l'avoir dompté.
    Deux fois la féconde Ausonie,
    Sous Auguste et sous Léon dix,

Vit croître dans son champ les palmes du génie,
Et ses nouveaux Césars furent les Médicis.
Tout passe, tout finit : cette seconde aurore
N'a duré qu'un matin, et s'est éteinte encore.
Habitans paisibles et doux,
On accourt sur vos bords des terres étrangères ;
Mais c'est la gloire de vos pères
Que l'on vient admirer chez vous.

A l'exception du premier vers qui finit par une cheville, le reste est d'une tournure élégante. On peut encore citer un madrigal et une épigramme que voici :

Sur une boîte à mouche.

JEUNE beauté, cette glace infidèle,
Peu digne de rendre tes traits,
Les laisse évanouir quand tu t'éloignes d'elle.
Vois tous nos cœurs soumis à tes attraits ;
C'est là que ton image, et plus vive et plus belle
Se retrace toujours sans s'effacer jamais.

ÉPIGRAMME.

D'AVOIR hanté la comédie,
Un pénitent, un bon chrétien,
S'accusait et promettait bien
De n'y retourner de sa vie.
Voyons, lui dit le confesseur :
C'est le plaisir qui fait l'offense.
Que donnait-on ? *Le Déserteur*.
Vous le lirez pour pénitence.

4. G

On trouve dans ce même recueil une traduction d'un morceau d'*Algaroti* sur l'opéra, dans lequel il y a des observations très-justes. On n'y trouve point le *Catéchumène* et *Parapilla*, deux ouvrages de M. Bordes, dont l'un fut revu et corrigé par Voltaire, et imprimé dans ses œuvres; l'autre, imité d'un ouvrage italien, est un poëme dans le goût de l'Arétin, inséré dans quelques recueils orduriers. On peut observer que ces deux morceaux dont l'un est contre la religion et l'autre contre les mœurs, sont en général mieux faits et mieux écrits que les autres ouvrages de l'auteur; ce qui paraît prouver que ce genre est plus facile que tout autre, et qu'il faut moins de talent pour y réussir.

Au reste, cette édition est précédée, suivant l'usage, d'une longue et inutile préface, où toutes les productions de M. Bordes sont démesurément louées. Le panégyriste provincial n'a pas manqué d'imiter la ridicule emphase du style à la mode. Il nous apprend que *le temps, ce destructeur impitoyable de toutes choses, avait affaibli par des dégradations insensibles les forces de M. Bordes;* ce qui est vraiment merveilleux. Nos prosailleurs et nos rimailleurs ne se guériront-ils jamais de la maladie des phrases ?

Je joindrai ici des vers de M. de Rulhières à M. de Montesquiou, sur les bustes des grands écrivains qui ornent sa bibliothèque, et la réponse de M. de Montesquiou.

Les Muses de fleurs couronnées,
Dans le plus riant appareil,
Attendront là votre réveil,
Et voudront à l'envi remplir vos matinées.
Tous ces maîtres fameux de sagesse et d'amour,
Dont vous pratiquez la doctrine,
Et l'ami de Mécène, et l'amant de Corine
Près de votre bureau s'asseoiront tour-à-tour.
C'est là que leurs ombres volages,
C'est là que les Chaulieu, que les Anacréons,
En prêtant quelquefois l'oreille à vos chansons,
Croiront entendre leurs ouvrages.

RÉPONSE.

Lorsque des lauriers d'Apollon
Vous voulez me faire une aigrette ;
Lorsque pour orner ma retraite,
Vous démeublez votre maison ;
D'une bonté si libérale
Je sens le prix comme je dois.
C'est ainsi que les plus grands rois
Daignent honorer la sandale
Du successeur de saint François.

G.

> Des dons que m'a faits votre Muse
> Je me suis vanté ce matin.
> Eh ! m'a-t-on dit, c'est qu'elle en use
> Comme des choux de son jardin.

On peut voir ici toute la distance d'un écrivain à un amateur.

Il vient de paraître un nouveau *Voyage d'Italie*, après tant d'autres que nous avions déja : *in sylvam ne ligna feras*. Il est intitulé, *Lettres contenant le journal d'un Voyage fait à Rome en* 1773 : deux volumes *in*-12. Pour savoir si l'auteur a bien vu, il faudrait comparer sa description avec celles des auteurs les plus accrédités, ou voir les objets sur les lieux ; mais ce qu'il est facile d'appercevoir, c'est que sa relation n'est ni d'un bon écrivain, ni d'un homme instruit. Il cite à tout propos des passages d'auteurs latins qu'il estropie également, et dans le texte et dans la traduction. Ce que j'ai trouvé de plus curieux, c'est un petit conte de Robbé, rapporté en note, qui m'a paru mieux fait que ne le sont ordinairement les vers de ce dur et grossier rimeur.

> Saint Colomban dans un bourg helvétique,
> Prêchant un jour le dogme évangélique,
> Voyait glisser sur ces esprits bouchés

Tous les traits forts qu'il avait décochés.
Il veut tenter *si sourds* à ses oracles,
Ils se rendront à la voix des miracles.
Par le ciseau dans la pierre creusé,
Est un bassin sur la place exposé.
Enfans, dit-il, pour prouver sans réplique
Aux plus obtus que la foi que j'explique
Est le chemin qui seul conduit aux cieux,
Je vais souffler sur la pierre, à vos yeux,
Et dans l'instant vous allez voir en quatre
Les pans brisés sur le pays s'abattre.
Nouveau Moïse, il souffle, et le bassin
Est pourfendu sous les lèvres du saint.
Vous eussiez cru que prouvant de la sorte,
Le cas bientôt eût été résolu.
Mais savez-vous ce qu'il en fut conclu ?
C'est que l'apôtre avait l'haleine forte.

LETTRE CLXXXVI.

M. Rosset, auteur d'un *Poëme en six chants sur l'Agriculture*, qui parut, il y a quelques années, vient de publier trois nouveaux chants sur les *Jardins potagers*, qui forment une suite à son ouvrage. On y retrouve le même mérite et les mêmes défauts que dans son *Agriculture*: quelque pureté dans la diction, mais très-peu de poésie de style et nulle imagination. On peut croire que si Virgile eût voulu chanter les jardins potagers, il n'en eût pas fait trois chants; ce sujet ne les comportait pas; il est trop peu poétique, et ne pouvait se traiter qu'avec beaucoup de choix et de goût; il fallait le restreindre et l'orner. C'est sur-tout en poésie qu'il faut se souvenir du précepte de la Fontaine :

> Loin d'épuiser une matière,
> Il n'en faut prendre que la fleur.

Le morceau sur les jardins Chinois m'a paru le plus passablement écrit.

Ce supplément est dédié au roi Louis XVI,

comme l'ouvrage l'avait été à Louis XV, et il est sorti des presses de l'imprimerie royale. On sait que Didot les a surpassées de beaucoup : il vient de commencer une collection de *Classiques latins et français* qui doivent servir à l'éducation du dauphin. Le même projet avait été formé pour celle d'un autre dauphin, fils de Louis XIV, avec cette différence qu'alors le mérite de ces éditions *ad usum delphini*, consistait sur-tout dans le choix et l'utilité des commentaires, ce qui les fait encore aujourd'hui rechercher des gens instruits; au lieu que dans les nouvelles collections de Didot, il n'y a rien pour l'instruction, et qu'on n'a travaillé que pour le luxe. Cette différence peut servir à caractériser le siècle passé et le nôtre. Didot a commencé par un *Théâtre choisi de Corneille*, en deux volumes *in*-4.º, et un *Télémaque*, en deux volumes du même format. Il ne paraît encore que le premier volume de chacun des deux ouvrages, et le second doit être publié dans trois mois. L'exécution est de la plus grande beauté.

M. Dassier, élève de feu M. de Foncemagne, mais qui n'est point de la famille du savant Dacier, quoiqu'il marche dans la même carrière, a été élu pour remplacer M. Dupuy dans la place de secrétaire de l'académie des inscriptions.

On entreprend des livres utiles, mais l'exécution ne répond pas au projet. L'*Histoire des progrès de la puissance navale d'Angleterre* était, par exemple, un sujet d'une grande importance, et fait pour produire un ouvrage aussi intéressant qu'instructif. Les deux volumes qu'on a publiés sur cette matière, sont apparemment de quelque phrasier de collège, qui ne sait pas qu'une histoire n'est pas une amplification de rhétorique. Cependant il y a quelques faits dans son ouvrage, et par là il n'est pas tout-à-fait inutile, comme tant de brochures dont je m'abstiens de parler.

Le *Roi Léar* a été interrompu après la dix-neuvième représentation, et l'impression de la pièce n'avait pas nui jusques-là à l'affluence des spectateurs. Quoique tout le monde avouât qu'il était impossible de la lire, tout le monde allait la voir, parce que tout grand succès excite la curiosité. L'auteur lui-même a dit un assez bon mot à l'occasion de cette pièce dont on lui reprochait les défauts, qu'il ne pouvait pas trop excuser : *Je n'aspire*, dit-il, *qu'à être le Bridaine de la tragédie*. On sait que ce Bridaine était un missionnaire de nos jours, qui prêchait dans les places publiques, et dont l'éloquence inculte et brute, mais quelquefois vive et forte, produisait de grands effets sur le peuple. Il est clair que si une pièce de théâtre n'était pas faite pour durer plus long-temps qu'une mission, et pour plaire à d'autres qu'au peuple, M. Ducis aurait pris le bon parti. Mais comme l'art dramatique, ainsi que tous les beaux-arts, n'a de vrais juges que les connaisseurs, et n'a de succès durable que par des beautés qui obtiennent leur suffrage, il s'ensuit que lorsque dans ce genre on se fait Bridaine, c'est qu'on ne peut pas être Massillon.

On lit dans quelques sociétés un manuscrit de M. de Voltaire, donné par M.me Denis à Beaumarchais pour l'édition générale qui s'imprime à Kell. J'en ai entendu la lecture chez M. le duc de Choiseul, faite par Beaumarchais lui-même ; car il ne confie le manuscrit à personne : ce sont des *Mémoires pour servir à l'histoire de sa vie, rédigés par lui-même*. Mais en les lisant on s'apperçoit qu'il n'a guères eu qu'un objet, celui de se venger du roi de Prusse, et de laisser un monument qui démentît les éloges qu'il lui a si long-temps prodigués. Ce qui prouve qu'il n'avait pas d'autre but, c'est qu'il ne parle presque d'autre chose, et que ses mémoires commencés (dit-il) en 1733, vers le temps de ses premières liaisons avec le roi de Prusse, finissent vers 1760, un peu après l'époque où il s'était retiré sur les terres de Genève. Il serait singulier qu'il n'eût pas écrit depuis un seul mot sur tous les événemens où il a été mêlé; et ce qui le serait encore plus, c'est que dans ces mémoires il ne prononçât pas même le nom d'un seul de ses ennemis ; pas un mot sur Desfontaines, sur le poëte Rousseau, sur Labeaumelle, etc. Il semble qu'il n'ait voulu écrire que contre Frédéric, d'où je conclus qu'il n'a écrit qu'après sa brouillerie avec lui. La vie privée de ce prince et celle de son père Frédéric Guillaume, son esprit, son caractère, les démêlés que Voltaire eut avec Frédéric à Berlin, l'aventure de Francfort, tout est du style de *Candide*, et c'est un des ouvrages les plus piquans sortis de la plume de l'auteur. Il s'excuse comme il peut sur les louanges dont il chante la palinodie; il avoue plaisamment qu'attendu *la faiblesse humaine*, il n'a pû résister à un roi qui le cajolait toute la journée. *Je l'appelai Salomon*, dit-il, *et ce sobriquet lui est resté quelque temps*. Du reste, il raconte tout avec une gaîté cynique, avec cette indifférence d'un vieillard qui a pris le parti de ne voir dans ce que la vie a de plus triste et l'humanité de plus affreux, que le côté ridicule. Ces lectures ont fait du bruit; M. de Vergennes a exigé de Beaumarchais qu'elles cessassent, et le manuscrit ne doit être imprimé qu'après la mort du roi de Prusse.

LETTRE CLXXXVII.

La rentrée des théâtres n'a pas été brillante. Rien de nouveau à l'Opéra ni aux Français, si ce n'est que ceux-ci ont fait repeindre leur salle en bleu, pour faire disparaître la teinte trop uniforme des fonds blancs. La nouvelle salle des Italiens, bâtie sur le terrain de l'ancien hôtel de Choiseul, est fort critiquée, et ce n'est pas sans fondement. Il semble en effet, quoiqu'on bâtisse de tout côté à Paris, que le bon goût de l'architecture ait encore plus de peine à s'introduire en France que la bonne musique. Rien n'est si élégant que la décoration intérieure de nos maisons, et rien n'est si rare que de rencontrer des édifices que l'on puisse comparer à cette foule de palais superbes qui en Italie font l'admiration des étrangers. Tous les monumens publics élevés de nos jours sont mesquins ou maussades, si l'on excepte l'école de chirurgie qu'on laisse enterrée dans une vilaine petite rue, et la grande église de Sainte-Geneviève qu'on n'achève point : celle-ci d'ailleurs n'est que la miniature du Panthéon romain. Nos architectes devraient faire de même, et ouvrir Palladio pour y puiser les idées du beau. Il n'y a en architecture qu'un certain nombre de belles proportions : il faut les adopter ou rester dans la barbarie. Les gens de l'art disent que c'est ce dernier parti qu'a pris l'architecte de la comédie italienne. Son frontispice est formé de colonnes colossales dont la base est écrasée, et qui pourtant placées de manière à n'être vues que de près, sont d'un effet nécessairement désagréable. Il a imaginé de faire régner au troisième étage de son bâtiment un balcon de pierre en saillie, qui est la chose la plus ridicule, et cette même bizarrerie se trouve dans le nouveau bâtiment du Palais-Royal. Il a conservé dans l'intérieur l'ancienne forme oblongue, quoiqu'il soit bien reconnu que la forme de l'hémicycle qui règne à la comédie française et à l'Opéra de la porte Saint-Martin, est la seule agréable à l'œil et favorable pour placer les spectateurs de manière qu'ils voient tous également. Au reste, la commodité publique est assurément la chose dont on s'embarrasse le moins. Beaucoup de petites loges incommodes et payées fort cher, beaucoup de boutiques que l'on puisse louer, voilà ce qui occupe principalement les architectes. Comment veut-on qu'avec ce principe ils songent à la largeur des corridors, à la beauté des escaliers, à la facilité des dégagemens, aux effets de la perspective? Tout cela cède à l'intérêt d'économiser quelques toises de terrain, et tout cela fait penser que les Français, quoique portés par un esprit flexible et imitateur, à cultiver les découvertes des autres nations, n'ont en général ni un véritable amour des arts (ceux de l'imagination exceptés), ni un sentiment exquis de leurs effets. Le seul qu'ils aient perfectionné est celui du théâtre, parce qu'il tient à l'esprit de société qui est particulièrement le leur; encore ce même art corrompu et avili par l'esprit de parti et la contagion du mauvais goût, touche-t-il aujourd'hui à l'époque de la plus honteuse décadence.

Les deux pièces données aux Italiens pour leur inauguration, ne serviront pas à le relever. La première avait pour titre *Thalie à la nouvelle salle*. C'est une production de Sedaine, et l'on devait bien s'attendre que cet homme dont le talent réel est celui d'assembler sur la scène de petits tableaux bien ou mal amenés, mais susceptibles d'effet, ne réussirait pas dans un genre où il est impossible de se passer d'esprit et de style, deux choses qui ne brillent pas dans les écrits de Sedaine, sur-tout la dernière. Aussi la pièce qui était en trois actes a-t-elle eu beaucoup de peine à être achevée, et on ne l'a pas vue une seconde fois. Cependant on assure que Sedaine qui ne doute de rien, se propose de l'imprimer. Il y avait sur-tout un couplet de Melpomène qui a été prodigieusement hué : c'est une plaisante idée que de faire arriver Melpomène sur le théâtre d'Arlequin, et une plaisante chose que Sedaine faisant parler Melpomène.

L'autre pièce du même genre s'appelle le *Réveil de Thalie*, et il se trouve encore que ce *réveil* a endormi le public qui ne s'est réveillé que pour siffler. Pas une scène comique, pas une idée ingénieuse ; Pannard mis à côté de Molière ; *Lélio*, *Riccoboni*, *Thomassin*, mis au rang des grands hommes ; un tas de lieux communs en dialogue et en dissertation, et Lafontaine se trouvant au milieu de toute cette cohue, sans qu'il soit possible de deviner pourquoi : voilà le cannevas de cet ouvrage qui est, dit-on, d'un M. Desfontaines, qui n'est pas la même chose que Lafontaine. Ce n'est pas qu'il n'ait voulu aussi débiter des fables sur le théâtre, malgré le public qui n'a pas voulu les entendre. Il est clair qu'un homme qui s'avise de mettre de nouvelles fables dans la bouche de Lafontaine, à coup sûr ne sait pas ce que c'est que des fables. On a pourtant annoncé une seconde représentation de la pièce réduite en deux actes; mais avant peu le public la réduira à rien.

On a joué sur les boulevards *le Roi Lû*, parodie du *Roi Léar*, qui a été aussi suivie et aussi applaudie que la tragédie. Elle est d'un nommé Parisot *, qui a eu quelques succès dans ce genre. Le style en est facile et ingénieux, les critiques sont justes, et les ridicules de la tragédie de Ducis y sont plaisamment saisis.

---

* C'est encore un des hommes de mérite qui ont passé sous la *hache révolutionnaire*.

LETTRE CLXXXVIII.

Une des plus ridicules productions qu'on ait vues sur le théâtre de l'Opéra, est sans contredit *Péronne sauvée*, jouée le 27 mai dernier. Le sujet de ce drame prétendu lyrique est une anecdote qui se trouve dans quelques mémoires, où l'on prétend que Péronne assiégée par les Anglais du temps de François I, fut sauvée par une boulangère nommée *Marie Fouré*, dont la boutique touchait à un souterrain par lequel les ennemis étaient prêts à surprendre la ville, lorsque cette courageuse femme, avertie par le bruit, se présenta pour les repousser, répandit l'alarme par ses cris, tua même quelques Anglais de sa main, aidée de l'avantage du lieu et secourue par sa famille, et donna le temps à la garnison de venir au secours et de sauver la place. M. de Sauvigny prétend que tous les historiens ont gardé le silence sur cette action : Il s'écrie dans un avertissement, avec le ton d'emphase qui est aujourd'hui de mode : *C'est de cet oubli que j'ai voulu venger Marie Fouré*. Que cette *vengeance* est belle, et que *Marie Fouré* est bien *vengée* par un opéra qui a été sifflé ! Il se vante encore dans ce même avertissement de n'avoir point employé *d'intrigue amoureuse*, et dans la liste des acteurs, on trouve d'abord Saint-Quentin, *amant d'Hélène*, et Lubin, *amant de Juliette;* et ce qui même a paru le plus choquant, c'est cet *amour* de village qui dès la seconde scène présente un tableau de Dancourt au milieu de l'héroïsme militaire et du fracas d'un siège. L'auteur a pris cette disparate grotesque pour un contraste piquant. On entend dès les premiers vers,

L'ennemi de Péronne assiège les remparts ;
Nous courons les mêmes hasards.
Parlez de mon bonheur, et non de mon courage.

Et après cet échantillon tragique, arrive tout de suite Juliette pour dire en style de paysannerie :

Les voilà donc partis ! tant mieux ! que de façons !
Ils ont bien fait ; je m'ennuyais d'attendre.
Les filles de nos environs
Aux noces de ma sœur près de moi vont se rendre,
Et mon ami Lubin mènera les garçons.

Cette platitude de diction se soutient d'un bout à l'autre, et c'est une chose curieuse que le dialogue entre Juliette et Lubin pendant que l'ennemi est aux portes. L'absurdité du plan est digne du style : l'auteur de *Péronne sauvée* a voulu remplir son titre; car elle est *sauvée* à tous les actes. Ce sont continuellement des attaques et des défaites; tout le régiment des gardes est employé dans cet opéra, qui fait le vrai pendant du *fameux Siège* de Nicolet. On y a tout mis en œuvre jusqu'à l'explosion d'une mine, et tout cet appareil de guerre que l'on aime à voir sur la scène, est ce qui a préservé cet ouvrage d'une chûte totale; car il avait été si maltraité à la première représentation qu'on ne croyait pas qu'il fût rejoué; mais la direction n'a pas voulu perdre toutes ses dépenses.

La musique est de Dezède, dont le talent est connu. On n'a pas été content de son récitatif ni de ses accompagnemens; mais on a trouvé du mérite dans ses chœurs, dans le chant de ses airs et dans ses ballets, et on l'a plaint d'avoir eu à travailler sur un si pitoyable canevas.

Il est bon d'observer que M. de Sauvigny a fait imprimer son opéra dans un petit recueil périodique qu'il intitule *Après-*

H..

soupers de société. Ces *Après-soupers* sont composés en grande partie des ouvrages de l'auteur de *Péronne sauvée*, comme les *Illinois*, *la Mort de Socrate*, *le Persiffleur*, pièces fort médiocres et fort oubliées, qu'il tâche de ressusciter sous un nouveau titre; et toute cette charlatanerie mercantile s'appelle de la littérature!

On a remis au théâtre français *Jeanne de Naples*; mais la grossesse déja beaucoup trop visible d'une actrice qui ne peut pas être remplacée, n'a pas permis de donner plus de trois représentations de la pièce, qui d'ailleurs n'a pas été moins accueillie que dans sa nouveauté, et qui est actuellement imprimée.

M.rs Piis et Barré, que quelques disgrâces semblaient avoir dégoûtés des vaudevilles, ont repris courage, et donné *les Voyages de Rosine*, sujet tiré d'un conte de Piron; c'est dire que le fond en est un peu graveleux, et c'est précisément ce qui a fait goûter la pièce. Le public au théâtre italien a les oreilles beaucoup moins délicates qu'à la comédie française.

Larive s'est avisé de donner sous son nom un *mélodrame* intitulé *Pyrame et Thysbé*, dont apparemment quelqu'un lui a fait présent : il est vrai que le présent était mince. On donne très-improprement ce nom de *mélodrame* à des scènes en prose dont les intervalles sont remplis par des accompagnemens analogues à l'action, genre bâtard dont le *Pygmalion* de Rousseau paraît avoir donné l'idée, et qui est assurément une bien mauvaise invention. Ici ce n'était autre chose qu'un long monologue de Pyrame qui attend Thysbé, comme dans la fable, et qui en l'attendant se répand en lieux communs du plus mauvais goût, jusqu'à ce qu'il trouve le voile qui lui fait croire qu'elle est morte. Il se tue ; elle arrive et se tue près de lui. Larive qui jouait Pyrame, a été écouté avec une indulgence personnelle par le public qui s'ennuyait, mais qui savait bien que cette rapsodie disparaîtrait dans huit jours.

LETTRE CLXXXIX.

Linguet retiré de nouveau en Angleterre, après être sorti de la Bastille, a recommencé ses annales par des *Mémoires* sur cette prison d'état qu'il avait annoncés long-temps d'avance, et qui ont excité une grande curiosité, comme devant révéler des secrets inconnus jusqu'ici, et des mystères épouvantables. Les curieux ont été trompés, quand on a vu que dans trois numéros uniquement employés à ce sujet, il n'avait dit, à travers de longues et fastidieuses déclamations, que ce que tout le monde savait déja, c'est-à-dire que la manière dont on traite les prisonniers de la Bastille est aussi arbitraire que le pouvoir qui les y renferme; et comment cela serait-il autrement? Comme cette espèce d'emprisonnement illégal est une vengeance et non pas une punition, le traitement qu'on y reçoit est toujours proportionné au ressentiment personnel. Beaucoup de particuliers qui ont été à la Bastille, disent y avoir été traités avec beaucoup de douceur; plusieurs même avec toutes sortes d'égards; d'autres l'ont été très-durement, et il est croyable que Linguet, à qui l'on a cru faire grace en ne lui ôtant que sa liberté, aura été très-resserré. Cependant il avoue lui-même qu'il a été fort bien nourri; mais il ajoute que c'était *dans le dessein de l'empoisonner.* En vérité cet homme avec ses mensonges et sa déraison, gâterait la meilleure cause. Certainement quiconque a été mis à la Bastille a droit de se plaindre, et Cartouche même m'intéresserait s'il me disait : on devait me juger et on m'a mis dans un cachot. Mais à qui Linguet fera-t-il croire qu'on ait voulu l'*empoisonner?* Notre gouvernement n'est rien moins qu'empoisonneur, et sur la peinture qu'il fait lui-même de l'administration intérieure de la Bastille, il est sûr qu'un homme dont on voudrait se défaire serait bientôt anéanti, sans qu'il restât la moindre trace de son existence ni de sa mort. Donc si Linguet est vivant, c'est qu'on n'a pas voulu le faire mourir. Il prétend que c'est la bonté de son tempérament qui l'a sauvé, ou plutôt *la Providence* qui le réservait à de grandes choses. Nous verrons où cette providence le conduira; probablement ce ne sera pas à devenir un bon écrivain, ni même un honnête homme. Il n'en est pas moins vrai que lorsqu'il reproche au gouvernement de l'avoir fait enfermer, au lieu de lui faire son procès, il a malheureusement trop raison. Il est dur d'avoir tort avec Linguet; mais c'est ici l'occasion de se rappeler l'histoire assez connue de *Faussard l'Enroué*. C'était un Normand, déterminé plaideur et hardi fripon, qui avait perdu vingt procès plus mauvais les uns que les autres. Le hasard fit qu'on lui en intenta un très-injuste, et sa partie adverse ne manqua pas de rappeler toutes les iniquités dont il était chargé. Voici la réponse de son avocat: *Si Faussard l'Enroué mérite d'être pendu, qu'on le pende, je ne m'y oppose pas; mais il ne faut pas le voler, et c'est ce dont il s'agit.* Faussard gagna sa cause, et fut pendu quelque temps après.

Les comédiens se sont avisés, je ne sais pourquoi, de vouloir remettre une mauvaise tragédie du vieux Laplace, jouée il y a environ quarante ans. Cette pièce est *Venise sauvée*, traduite à-peu-près d'une pièce anglaise d'Otwai. Elle eut quelque succès dans sa nouveauté, parce qu'alors la littérature anglaise commençait à être de mode, et que la mode décide de tout. Mais quand ou compare cet ouvrage au *Manlius* de Lafosse, où le même sujet est supérieurement traité, c'est alors qu'on s'apperçoit combien l'art de la tragédie est mieux connu parmi nous que chez les Anglais. Il ne manque à notre *Manlius* pour être un ouvrage du premier ordre, que plus de poésie de style et plus d'éloquence dramatique. Dans *Venise sauvée*, caractères, mœurs, intrigue et style, tout est indigne de la tragédie, quoique le sujet soit tragique. Comment supporter la bassesse du rôle de Jaffier, qui remet sa femme à un tas de brigands qui lui sont inconnus? Comment concevoir que cette femme qui vient lui dire un moment après qu'un de ces brigands a voulu la violer, et qu'elle n'a pu se défendre qu'avec un poignard, retourne encore, du consentement de Jaffier auprès de ce même Renaud, reparaisse sur la scène avec lui sans qu'il soit question le moins du monde de ce viol, sans que Jaffier en dise un seul mot? Quel excès d'indécence et d'invraisemblance! La diction est aussi mauvaise que le reste, et c'est ce qu'on peut dire de pis. Cette tragédie a été sifflée, et l'on n'a pu la jouer que deux fois : à coup sûr on ne la reverra jamais.

Si quelque chose prouve cet empire de la mode dont je parlais tout-à-l'heure, c'est l'engouement pour les *Noces de Figaro* dans les lectures de société. C'est un vrai fouillis dans le goût des *Journées Espagnoles* de Lope de Vega et de Calderon, de manière qu'à force d'aimer le changement et la nouveauté, nous revenons précisément au point d'où nous étions partis. Tout le monde sait qu'avant Molière, tous nos auteurs comiques empruntaient leurs intrigues du théâtre espagnol, chaos de situations forcées, où l'on comptait pour rien le bon sens, les mœurs et la vraisemblance. Les *Noces de Figaro* sont tellement calquées sur ce modèle, que l'auteur les a faites pour remplir le spectacle entier sans petite pièce, et qu'en effet la représentation doit durer au moins quatre heures. Pour donner une idée des mœurs de la pièce, il suffit de dire sur quoi roule la principale intrigue; car il y en a trois ou quatre qui marchent ensemble. Le comte Almaviva, dont Figaro est devenu le principal domestique, veut le marier à une femme-de-chambre de la comtesse son épouse, jeune fille très-jolie, élevée chez lui; il veut lui donner une dot, mais c'est à condition que le jour même de ses noces elle lui donnera un rendez-vous, et qu'il jouira du *droit du Seigneur ;* sans cela point de dot. On peut juger dès-lors du genre et du ton de la pièce. Figaro est reconnu pour être le fils naturel d'une Marceline, femme de charge de la maison, et deux hommes dont l'un a été son amant avoué, et dont l'autre veut être son mari, disputent devant elle à qui ne sera pas le père de Figaro. Le dialogue est assaisonné de saillies à l'avenant, lardé de calembourgs et de lieux communs d'une philosophie aussi triviale que déplacée. Eh ! bien, on trouve pourtant dans ce pot pourri beaucoup d'esprit, de gaîté, et même des situations comiques, au moins dans les trois premiers actes : mais la longueur et le vide des derniers m'ont paru insupportables ; et en total c'est un monstre dramatique, mais qui n'en est pas moins susceptible d'un succès dont le dangereux exemple irait à nous ramener à l'enfance de l'art. Jusqu'ici le roi ne veut pas accorder la permission de le représenter à Paris ; mais on le répète actuellement pour le jouer à Maisons chez M. le comte d'Artois, et c'est, dit-on, un acheminement pour le faire jouer au théâtre Français. On lit si peu pour s'instruire, et bien des amateurs du théâtre le connaissent si peu, que la plupart regardent comme des choses très-neuves et très-originales toutes ces vieilleries traînées, il y a 150 ans, sur les tréteaux d'Arlequin et de Scaramouche. Il en est parmi nous des ouvrages d'esprit comme des modes de la rue Saint-Honoré : on prend pour nouveau ce qui est renouvelé de nos grand'mères.

Il a paru une *Histoire d'Hyder Alikan*, ce conquérant indien qui le premier s'est fait craindre des Européens dans ces contrées où ils dominaient depuis trois siècles. Cet ouvrage écrit par un officier français qui a été dix ans au service d'Hyder, contient des détails curieux sur cet homme célèbre ; mais jamais livre ne fut plus mal rédigé ni plus mal écrit. Il y a beaucoup plus de méthode et de correction dans les deux volumes nouveaux qu'a donnés M. Lévêque pour compléter son histoire de Russie. Il y traite des différens peuples soumis à la domination des Russes, et cette partie de son ouvrage m'a paru meilleure que les premières, peut-être parce que les objets étant moins grands, ne demandaient pas la même force de style.

Les exemples d'enfans précoces ne sont pas très-rares aujourd'hui. Le fils de l'avocat Beaumont, qui n'a pas douze ans, a écrit après la mort de sa mère un portrait de son caractère et un résumé de ses principes, avec une justesse d'idées et d'expressions qui plairaient dans un homme de vingt ans; et la fille du président de Sivry, à l'âge de dix ans, fait des vers encore plus étonnans que la prose du petit Beaumont. On en peut juger par ceux-ci; qu'elle a composés pour Mme de Montesson qui venait de donner sur son théâtre une représentation d'une de ses comédies, dont le titre est l'*Hôtesse coquette*.

> L'HÔTESSE coquette est la pièce
> Que l'on devait jouer ce soir.
> J'étais chez une aimable hôtesse;
> Mais en elle je n'ai pu voir
> Une beauté fausse et légère;
> Son ame démentait son rôle et ses discours.
> Je venais voir celle qui cherche à plaire;
> J'ai vu celle qui plaît toujours.

LETTRE CXC.

Il y avait bien quelque risque, même pour un autre que moi, à faire paraître *Philoctète* après *le Roi Léar*, et l'on pouvait craindre que la belle nature de Sophocle ne fût pas fort goûtée par ceux qui avaient tant applaudi la nature brute, informe et si souvent fausse de Shakespeare. Enfin dans tous les temps c'est une étrange entreprise au théâtre français qu'une pièce non-seulement sans amour, mais sans rôles de femmes. L'un de nos grands Aristarques, l'auteur des *Petites Affiches*, et le terrible Clément, et bien d'autres du même bord avaient annoncé que la pièce tomberait. Point du tout : elle a eu le succès le plus complet. On a pleuré et applaudi pendant trois actes ; car une tragédie grecque n'en comporte pas davantage sur notre théâtre. C'est même depuis *Warwick* et *Mélanie*, l'ouvrage de moi qui a essuyé le moins de contradictions. On a fort disputé le succès des *Barmécides* et même de *Jeanne de Naples*; mais ici comme je n'étais qu'en second, on s'est laissé faire, et le respect pour un ancien l'a emporté sur l'envie de nuire à un moderne. Ce respect pourtant n'a pas empêché le *journal* de Paris qui décide toujours de tout en deux lignes, de reprocher magistralement à Sophocle *un défaut*, disaient-ils, *qui tient à la nature du sujet : c'est que l'intérêt va en décroissant d'acte en acte*. Comme il s'agissait d'un ancien et non pas de moi, j'ai cru devoir relever ces messieurs sur une critique si légèrement hasardée, et je n'ai pas eu grande peine à leur prouver, à la grande satisfaction du public, qu'ils avaient très-injustement condamné Sophocle, et par la même occasion j'ai justifié contre eux Larive qu'ils avaient accusé de trop crier, et qui n'a jamais encore joué un rôle aussi bien que celui de Philoctète. Ce n'est pas qu'il n'y ait encore à desirer; mais en général ce rôle a marqué un progrès sensible dans son talent, qui par malheur est en lui-même non-seulement inégal, mais journalier.

Le chevalier de Florian m'a fait l'honneur de m'adresser sur le succès de *Philoctète*, des vers que je n'ai pu m'empêcher de trouver très-jolis, quoique j'y sois complimenté, et crois devoir les transcrire ici pour lui en faire honneur.

Vers a M. de da Harpe,

En sortant de la représentation de Philoctète.

Que tu m'as fait verser de pleurs !
Comme ton Philoctète est touchant et terrible !
Que j'ai souffert de ses douleurs !
Je ne sais pas le grec, mais mon ame est sensible,
Et pour juger tes vers il suffit de mon cœur.
La Harpe, c'est à toi de remplacer Voltaire :
Il l'a dit en mourant ; l'Hercule littéraire
T'a choisi pour son successeur.
Va, laisse murmurer une foule timide
D'envieux désolés, d'ennemis impuissans.
Prends Philoctète pour ton guide :
Comme lui tu souffris du venin des serpens,
Et possèdes les traits d'Alcide.

La parodie, oubliée pendant vingt ans, semble vouloir reprendre depuis quelques années. C'est un genre de plaisanterie un peu froid et le plus souvent de mauvais goût : il n'excite guères que cette espèce de rire dont on est tout honteux un moment après ; cependant, quand il est assaisonné du sel d'une bonne critique, il peut au moins amuser l'esprit. De toutes celles qu'on a faites de nos jours, il n'y en a que deux ou trois qui aient fait quelque fortune ; *le Roi Lu*, *la Veuve de Cancale*, parodie de *la Veuve du Malabar*, et celle de Richard III. Celle-ci est remarquable, en ce que c'est la seule qu'on ait faite sur une tragédie tombée. D'ordinaire, on n'accorde les honneurs de la parodie qu'aux pièces qui réussissent. *Jeanne de Naples* vient de les obtenir au théâtre italien, où elle a été parodiée en prose sous le nom de *Dame Jeanne**. J'aurais été volontiers rire moi-même de mon travestissement s'il avait été gai ; mais il m'est revenu de toute part que la pièce était si insipide, qu'elle a été vilipendée même par ceux qui auraient bien voulu qu'elle fût meilleure. Il n'y a eu que l'intrépide abbé *Aubert*, qui dans ses *affiches de Paris* ait osé faire l'éloge de cette parodie qui pourtant n'a pu être jouée que quatre ou cinq fois à un théâtre où vingt représentations sont un succès médiocre. Une des plus fortes plaisanteries de la pièce roulait sur le nom de *Dame*

---

* L'auteur de cette parodie était fort jeune, et il a prouvé depuis qu'il était capable de mieux faire. Nous avons eu de lui des opéras comiques et des vaudevilles qu'on peut ranger parmi les bonnes pièces de ce genre.

Jeanne, qu'on donne dans le peuple à une grande cruche d'eau. *On m'appelle Dame Jeanne*, disait la reine, *parce que je raisonne comme une cruche.* L'abbé Aubert ne tarit pas sur la finesse d'un pareil trait qui suffit pour faire juger des autres.

Beaumarchais qui semble fait pour les événemens singuliers, vient d'éprouver un petit désagrément fort extraordinaire, à l'occasion des *Noces de Figaro*. Il était parvenu à faire répéter cette pièce au théâtre des Menus, par une tolérance tacite accordée à la protection de M. le comte d'Artois. On avait pris jour, après trente répétitions à-peu-près publiques, pour représenter sa comédie sur ce même théâtre des Menus. Tout Paris s'était disputé les billets; la cour et la ville avaient brigué des loges. Enfin à onze heures du matin, le jour de la représentation, arrive un écrit du roi, envoyé par le ministre de Paris aux comédiens français, portant défense, *sous peine de désobéissance*, de jouer *les Noces de Figaro*. Personne n'était prévenu ; on peut s'imaginer la surprise générale, lorsqu'à six heures on renvoya six à sept cents voitures, en disant qu'on ne jouerait pas. Cependant

Beaumarchais n'est pas rendu, et il se flatte toujours que la défense sera révoquée. Les comédiens sont au désespoir, attendu que cet ouvrage a excité une telle curiosité, que même en ne réussissant pas, il leur vaudrait beaucoup d'argent.

La petite de Sivry continue à étonner ici tout le monde par sa facilité à faire des vers. Me trouvant à dîner avec elle, il y a quelque temps, je fus si charmé de son esprit, que je lui adressai sur-le-champ ces vers-ci :

TON esprit de dix ans nous plaît et nous efface ;
C'est un fruit de toute saison.
De l'âge mûr tu n'as que la raison ,
Et de l'enfance que la grâce.

Nous devions le lendemain voir ensemble l'opéra d'*Armide* : elle m'envoya cette réponse.

POUR mieux mériter ton suffrage ,
Dans tes écrits je veux puiser
L'art de plaire et l'art de penser.
Je n'ai pas tes talens, mais je n'ai pas ton âge.
Dès long-tems Apollon t'a su favoriser ;
Moi je l'implore aux pieds de la double colline ;
Ce n'est qu'en t'approchant que ma Muse enfantine
Peut croire déja s'y placer.
Près de toi je suis au Permesse ;

I..

Viens me faire jouir de cet enchantement,
Et demain pour Armide observant ta promesse,
Viens réunir pour un moment
L'enchanteur et l'enchanteresse.

Quelque chose de plus étonnant encore, c'est sa réponse aux vers de M. le duc de Nivernois. Quoique ceux-ci soient très-jolis, en vérité la réponse de l'enfant n'en paraît pas indigne, quand on songe à son âge.

M. LE DUC DE NIVERNOIS à Mlle DE SIVRY.

DE votre esprit naissant j'admire les primeurs;
Mais il s'épuisera s'il enfante sans cesse.
Hâtez-vous lentement : malheur à qui se presse.
Gardez pour l'avenir encore quelques fleurs.
L'esprit et l'amour ont leur âge;
Le destin leur a fait leur part.
Penser trop tôt, aimer trop tard,
Jeune Sivry, serait peu sage.
La naïve innocence est l'esprit des enfans,
Et l'amitié tranquille est l'amour des vieux ans *.

Réponse de Mlle DE SIVRY.

PAR vos sages conseils éclairez mon enfance;
Croyez que je les sens comme on sent à vingt ans.

---

*Ces vers sont sans comparaison les meilleurs et peut-être les seuls bons que l'auteur ait faits.

Le cœur plus que l'esprit peut devancer le tems,
 Et je l'éprouve à ma reconnaissance.
Ce sentiment naïf est celui d'un enfant ;
 Tous ses succès sont dûs à l'indulgence.
  S'il en mérite quand il pense,
  C'est en faveur de ce qu'il sent.

LETTRE CXCI.

On a joué ici au théâtre italien, en l'absence de Monvel (qui est toujours à Stockholm, chargé de la direction des spectacles), un opéra-comique en deux actes de cet auteur comédien, intitulé *Blaise et Babet*, ou *la Suite des trois Fermiers*, pièce du même auteur. Cette *suite* a eu un très-grand succès: la musique est de Dezède, et c'est dire qu'elle est très-agréable ; car nul compositeur n'a mieux saisi l'accent de la naïveté villageoise. Le drame n'est, quant au fond, que cette charmante scène du *Tartuffe*, où deux jeunes amans se brouillent et se raccommodent sans savoir pourquoi, comme cela se pratique. Le dialogue a beaucoup de ce naturel du patois paysan qui a de la vérité sur la scène, mais qui ne peut se passer du jeu des acteurs, et qui devient ailleurs un insipide baragouin. Ajoutez ici des lieux communs de vertu apprêtée, qui forme une disparate choquant avec le ton général de l'ouvrage. Mais ce qui en a fait principalement le succès, c'est le jeu de M.me Dugazon, qui devient de plus en plus, et à bien juste titre, l'idole du public. Ceci n'est pas de l'engouement, c'est de la justice : rien n'est si enchanteur que le talent de cette actrice, et l'idée de la perfection ne peut aller plus loin. Il est vrai que c'est dans un genre secondaire, et l'on peut observer qu'avant elle on avait à ce même théâtre Mme Laruette qui n'avait pas moins de succès, et avant celle-ci Mme Favart, les délices de Paris, et avant Mme Favart, Mlle Silvia, etc. Il n'en est pas ainsi du genre noble, le plus difficile de tous dans les arts. Il faut un siècle pour avoir un Lekain, une Clairon : il y a vingt paysagistes sur un peintre d'histoire.

Il faut espérer aussi que nous ne manquerons jamais de chansonniers. A Paris tout est mode, et toute mode amène une chanson. Dieu sait combien de temps on a chanté *Malbroug*, et durant trois mois tout a été *à la Malbroug*. Aujourd'hui le Pont-neuf a mis en crédit ce refrain, *changez-moi cette tête, tête-tête*, et le Pont-neuf qui donne le ton à la bonne compagnie plus souvent qu'on ne croit, nous a procuré sur ce refrain une chanson satyrique qui pourrait être plus gaie, mais qui est maligne et piquante. La voici :

LES TÊTES A CHANGER,

Couplets nouveaux.

Momus, prends ta férule,
L'hydre du ridicule
Demande un autre Hercule ;
Elle n'a plus de frein.
Poursuis de rue en rue
La falotte cohue
Qui va choquer ta vue,
Et chante ce refrain :
Changez-moi cette tête,
Cette grotesque tête ;
Changez-moi cette tête,
Tête de mannequin.

Courtisan très-solide,
Robin simple et timide,
Colonel intrépide
Qui brave le sifflet ;
Docte Encyclopédiste,
Profond Economiste,
Honnête Journaliste,
Brochuriers à pamphlets ;
Changez-moi tous vos têtes,
Vos intrigantes têtes ;
Changez-moi tous vos têtes,
Têtes à camouflets.

Un petit Astronôme,
A figure de gnôme,

Veut faire le grand homme,
Sans qu'on sache par où.
Il rate la comète,
Dérange la planète,
Et tout Paris répète,
En lui faisant hou, hou :
Changez-moi cette tête,
Cette hargneuse tête ;
Changez-moi cette tête,
Tête de sapajou.

La libertine Orphïse,
Coquette à tête grise,
Etend sur sa peau bise,
Trois couches de carmin ;
Et sa gorge tombée,
Et sa taille bombée,
Et sa face plombée
Font peur même à Jasmin.
Changez-moi cette tête,
Cette lascive tête ;
Changez-moi cette tête,
Tête d'une catin.

Un corps aulique et grave,
Et des formes esclave,
Assemble son conclave
Pour réformer ses loix ;
Mais à dame Justice
La mode de l'épice
Fut toujours trop propice
Pour en céder les droits.

Qu'on me change ces têtes,
Ces routinières têtes ;
Qu'on me change ces têtes
Dures comme du bois.

Un prétendu Musée *
A la tourbe abusée
Débite prose usée,
Et grands et petits vers.
La bourgeoise caillette,
Vieux pédant à lunette,
Rimailleur et soubrette
Loue à tort à travers.
Qu'on me change ces têtes,
Ces métromanes têtes ;
Qu'on me change ces têtes,
Têtes à bonnets verts.

Un tudesque empirique **,
Au bout d'un doigt magique
Fait naître la colique,
Ou la chasse à l'instant.
Son dom Quichotte assure
Que la mort en murmure,
Et cite mainte cure
Dont il est seul garant.
Changez-moi ces deux têtes,
Ces magnétiques têtes ;
Changez-moi ces deux têtes,
Têtes de charlatan.

---

* La Loge des Neuf-Sœurs.
** Mesmer et Deslon.

Nestor de l'Amérique *,
Prise la voix publique
Du monde politique
Et du monde savant.
Mais dédaigne l'hommage
Dont ce peuple volage,
Sans respecter ton âge,
Abuse à chaque instant.
Conserve bien ta tête
Ta vénérable tête ;
Conserve bien ta tête,
Ne la montre pas tant.

Un rimeur satyrique,
Dans son humeur caustique,
Des sots qu'il mord et pique,
Fait un portrait hardi.
De sa plume maligne
La pétulance insigne,
Aux masques qu'il désigne
Le joint lui-même ici.
Changez-moi cette tête,
Cette fantasque tête ;
Changez-moi cette tête,
Tête d'un étourdi.

_____

* Francklin.

LETTRE CXCII.

L'auteur de *Tom-Jones à Londres*, qui avait eu tant de succès aux Italiens, n'a pas été à beaucoup près aussi heureux au théâtre français. Il vient de faire jouer une comédie en cinq actes et en vers, intitulée les *Marins*, ou *le Médiateur mal-adroit*, dont le principal caractère est emprunté d'un personnage de l'*Ecole des Amis* *, le meilleur homme du monde, mais qui gâte tout en voulant toujours bien faire. Du reste, la pièce de M. Desforges (c'est le nom de l'auteur des *Marins*) n'est ni gaie ni intéressante, et le style ne vaut guères mieux que l'intrigue. Il a fallu la retirer après la seconde représentation; ce qui ferait présumer que dans *Tom-Jones à Londres*, il a dû principalement son succès à l'excellent ouvrage dont il a tiré non-seulement le fond, mais même les détails de sa pièce. Il y a des gens qui ne vont pas mal quand ils ont un appui, mais qui ne sauraient marcher tout seuls.

---

* Pièce de la Chaussée.

M. Ducis toujours fidèle à Shakespeare, va donner incessamment un *Macbeth*, imité de l'anglais, qui doit être le pendant du *Roi Léar*.

Le prix de vertu qu'un anonyme avait fondé *pour les dernières classes de la société*, au jugement de l'académie française, a été décerné à Marie-Magdeleine Lépagnier. Elle est femme-de-chambre d'une Mme de R***, qui depuis plusieurs années est dans une extrême misère, et elle a mieux aimé la secourir et la servir que de prendre de meilleures conditions qu'on lui offrait. Après le prix donné qui est de douze cents francs, l'académie doit faire mention de quatre personnes qui l'ont disputé, la femme Menthe, la femme Eloire, un nommé Calbasse, marinier, et un maître d'école nommé Charon. M. l'archevêque d'Aix, directeur, exposera dans la séance publique de la Saint-Louis, les actions qui ont mérité à ces quatre personnes l'honneur d'être nommées.

M. de Fontanes vient de publier une traduction en vers de l'*Essai sur l'Homme*, poëme déja traduit en prose par M. de Silhouette, et en vers par l'abbé du Resnel. Cette dernière version, quoique faible et très-inexacte, ouvrit à l'auteur les portes de l'académie française. C'était le temps où l'on aimait encore les vers, et où l'on était curieux de la littérature anglaise qui commençait à peine à être connue. L'ouvrage de M. de Fontanes, quoique très-supérieur à celui de l'abbé du Resnel, et versifié en général avec une précision assez élégante, n'en a pas moins un défaut grave qui la fera peut-être moins lire que celle de Du Resnel. C'est une sécheresse de style, causée par la prétention mal entendue de n'avoir pas plus de vers que le poëme anglais, au lieu de ne s'occuper qu'à avoir autant de beautés. Il paraît d'ailleurs dans un temps beaucoup moins favorable à la poésie. L'austérité de ce sujet métaphysique demande une attention dont la plûpart des lecteurs d'aujourd'hui ne sont guères capables, et comme on est rassasié de vers, on ne lit plus guères que ceux dont le sujet est attirant et pique la curiosité, ou plaît à l'imagination. Le mérite de la difficulté vaincue, et le talent de parler à la raison en vers bien faits, la fidélité d'une version toujours rapprochée de l'original, tout cela ne peut être senti que par un très-petit nombre d'amateurs. Au mérite de versifier de manière à faire présumer qu'un jour il saura composer en poëte, l'auteur joint le mérite d'être déjà un très-bon prosateur. Son discours préliminaire, rempli d'idées saines exprimées avec énergie, est un excellent morceau de littérature, et tel qu'il est bien rare d'en rencontrer aujourd'hui.

La chevalier de Parny vient de lui adresser des vers que je n'ai pas lus : voici la réponse.

> Malgré votre éloge indulgent,
> Prêts à s'armer de rigorisme,
> Mes chers lecteurs en me jugeant,
> Ne croiront pas à l'optimisme.
> Ce n'est point Pope assurément,
> Ni Platon, ni Pangloss lui-même,
> Dont l'esprit créa ce système;
> Il fut le rêve d'un amant.
> Que l'amour vous inspire encore;
> Portez long-tems son doux lien;
> Chantez Zulmis, Eléonore;
> C'est dans leurs bras que tout est bien.

On a remis à l'opéra l'*Orphée* de Gluck. Ce théâtre a perdu M.lle Théodore, la plus parfaite danseuse qu'on y ait vue, depuis M.lle Lany, pour la précision et la légèreté. Elle a été passer un an à Londres, et à son retour elle a quitté l'opéra français. Il est menacé d'une autre perte qui ne serait pas moins sensible aux amateurs. M.lle Guimard a la petite-vérole, et en supposant qu'elle en revienne, on ne croit pas qu'elle remonte sur la scène.

LETTRE CXCIII.

L'été a été si mal sain à Paris, que j'ai cru devoir me réfugier à la campagne pour échapper à la contagion; mais les maladies n'étaient pas moins épidémiques dans les provinces que dans la capitale, et j'ai eu la fièvre pendant trois semaines, ce qui a retardé les envois du 15 août et du 1.er septembre. Je m'empresse à mon retour de réparer ce retard involontaire.

Les comédiens français n'ont donné aucune nouveauté tragique depuis *Philoctète* : la mauvaise santé de Larive en est la cause. Il a des obstructions dont la guérison est lente et difficile, et l'on ne croit pas qu'il joue avant le retour de Fontainebleau. Il est fort question de ce voyage qui n'a pas eu lieu depuis plusieurs années. On prépare un grand nombre de nouveautés des trois spectacles : il y aura trois ouvrages de Piccini, *Didon,* grand opéra de Marmontel, le *Dormeur éveillé*, opéra-comique du même auteur, *Endymion*, pastorale d'un M. de Siron. On doit jouer aussi le *Cid* de Sacchini, paroles de M. Guillard, qui est très-capable d'estropier Corneille, comme le Bailly-du-Roulet a estropié Racine. Enfin Grétri doit donner la *Caravanne du Caire*; j'ignore quel est l'auteur des paroles.

On avait mis encore sur le répertoire de la cour trois tragédies, *Macbeth*, de Ducis, *Numitor*, de Marmontel, et les *Brames* qui sont de moi; mais les circonstances ne permettront, je crois, d'en jouer qu'une seule. *Macbeth* qui allait être donné à Paris, parce que j'avais cédé mon tour à Ducis, est suspendu pour long-temps par la maladie de Larive, chargé du principal rôle où il ne peut pas être suppléé. Brizard qui a sept cents vers à apprendre dans les *Brames*, et dont la tête et la mémoire sont extrêmement affaiblies, ne peut pas être prêt avant la fin de novembre. Reste *Numitor*, dans lequel Larive a cédé son rôle à Saint-Prix, du consentement de l'auteur, et qu'on étudie actuellement. Bien des gens blâment Marmontel de rentrer à soixante ans dans la carrière de la tragédie, après l'avoir quittée depuis trente-deux ans; car son dernier ouvrage, *Egyptus*, qui tomba à la première représentation, est de 1751. Quand on est parvenu à cet âge sans avoir fait en ce genre un ouvrage qui ait pu rester, il est assez extraordinaire de croire, en vieillissant, avoir une force qu'on n'a pas eue dans la maturité ni dans la jeunesse, et c'est une imprudence qui a grand besoin d'être justifiée par le succès.

Au défaut de pièces nouvelles, les comédiens ont essayé des pièces remises, et d'abord le *Négociant*, ouvrage qui veut être à-la-fois drame et comédie, et qui n'a ni l'intérêt de l'un, ni la gaîté de l'autre. On l'attribue à M. Dampierre; il eut peu de succès dans la nouveauté, et n'en a eu aucun à la reprise; il n'a pu être joué que deux fois. Quelques détails sur le commerce en font tout le mérite; mais Préville qui aime infiniment à paraître dans des rôles sérieux, parce qu'il est excellent dans les rôles comiques, et que souvent nous préférons nos prétentions à notre talent, avait engagé ses camarades à remettre cette pièce dont ils n'espéraient rien, et qu'il croyait admirable, parce qu'il y débitait beaucoup de morale. Préville aujourd'hui bouleverse tout à la comédie : c'est lui qui a excité la querelle entre les comédiens et Mme Duvivier (autrefois Mme Denis), au sujet de la statue de M. de Voltaire,

K..

querelle qui a occupé long-temps toutes les puissances, et qu'on a eu beaucoup de peine à terminer. Mme Denis avait offert à l'académie la statue en marbre de Voltaire assis, chef-d'œuvre du ciseau de Houdon, et l'académie l'avait acceptée avec reconnaissance. Dans ces entrefaites, Mme Denis a jugé à propos de faire un mariage qui n'a pas été approuvé, et qui a éloigné de sa maison les gens de lettres qu'y attirait le respect pour la mémoire de son oncle, et la considération qui en rejaillissait sur la nièce. Quand elle a vu qu'ils l'abandonnaient, elle a imaginé, pour s'en venger, d'offrir la statue aux comédiens français, et s'est fait écrire à ce sujet une grande lettre emphatique par Gerbier, avocat de la comédie, grand orateur au palais, mais fort médiocre écrivain. La reconnaissance, dit-on, n'est pas la vertu des comédiens; ils l'ont du moins prouvé cette fois. Mme Duvivier pouvait se flatter, avec raison, que la statue d'un grand homme qui avait été soixante ans le bienfaiteur de la comédie française, serait honorablement placée dans le foyer de la nouvelle salle. Mais elle ne savait pas que Voltaire avait à la comédie un ennemi qu'en effet il était assez difficile de soupçonner, et un ennemi qui a un grand crédit. Cet homme qui a pris l'auteur de *Zaïre* dans une haine effroyable, c'est Préville, et voici pourquoi. Préville, excellent comédien, voudrait bien être le premier homme du monde; cependant, comme il est encore plus difficile de faire de bonnes comédies que de les bien jouer, il s'est résigné à céder le premier rang à Molière, mais à condition qu'il aurait le second. En conséquence, il a fait élever le buste de Molière sur un grand socle placé sur la cheminée du foyer, et a fait mettre Voltaire au garde-meuble, en criant qu'il était indécent que Voltaire fût assis, tandis que Molière, Corneille, Racine, (il citait ces deux derniers par complaisance), n'avaient qu'un simple buste comme les autres. Plaisante raison ! comme si la statue de Voltaire empêchait qu'on en fît de pareilles pour Corneille et Racine, et comme s'il était défendu d'honorer la mémoire d'un grand homme, jusqu'à ce qu'on ait rendu le même honneur à ses confrères ! Quoi qu'il en soit, Préville l'emporta : grandes plaintes de M.me Duvivier. Le directeur des bâtimens et le gentilhomme de la chambre interposent leur autorité. Pour conclusion, la statue est placée en bas dans le vestibule, au milieu des laquais et des portiers, et Voltaire, dans le foyer, n'a que son buste comme les autres. Il est bon d'observer que les monumens érigés à Voltaire ont toujours été des pierres de scandale. La statue exécutée par Pigal, aux frais des gens de lettres, n'a jamais pu être placée ailleurs que chez M. d'Hornoi son neveu. C'était bien la peine que tout ce qu'il y a de plus illustre en France fît une souscription pour accorder un honneur sans exemple au plus grand poëte du siècle, et élever un monument qui devait être enseveli dans la bibliothèque d'un président des enquêtes.

Une autre pièce remise au même théâtre, c'est l'*Amant bourru*, de Monvel, comédie en trois actes, tirée des *Lettres de la comtesse de Sancerre*, et qui malgré les défauts du plan et la faiblesse du style, fait quelque plaisir sur la scène, quand le rôle de l'*Amant bourru* est bien joué. Mais il ne faut pas la lire; car alors tout le comique qui n'est guères fondé que sur la brusquerie de l'acteur, disparaît avec lui.

Pour achever dans un même article tout ce qui concerne ce théâtre, il faut parler de la mort de Bourette, assez mauvais comédien, qui avait commencé par faire les délices de l'ancien opéra-comique de la Foire : son histoire est assez singulière. Vadé qui travaillait à sa pièce de *Nicaise*, desirait de trouver un acteur qui eût la tournure de ce rôle. Le hasard amena chez lui le petit Bourette : à son air niais et à sa voix de polichinelle, Vadé s'écria, *voilà Nicaise tout trouvé*, et il le fit recevoir dans la troupe de Monnet. Il passa de là au théâtre français, où il jouait les niais et les grotesques, à la place de feu Dangeville. Vers la fin de sa vie, sa prononciation était devenue si mauvaise qu'on ne l'entendait presque plus. Le dernier rôle qu'il ait joué dans une pièce nouvelle, est celui du garçon de café dans *Molière à la nouvelle salle*.

M.lle Contat a tous les jours de nouveaux succès dans l'emploi de M.lle Doligny, emploi qui lui est resté tout entier par la retraite de cette dernière qui a quitté à Pâques. M.lle Doligny était fort aimée du public, quoique son talent fût borné et son jeu un peu monotone. Mais elle avait dans la voix des accens de sensibilité, et sur son visage un air ingénu et modeste, qui la rendaient très-propre à certains rôles, par exemple, à ceux des comédies de Lachaussée. Elle s'était rendue intéressante d'une autre manière, par la régularité de sa conduite : on lui savait gré d'être sage, quoiqu'elle ne fût pas jolie. On la croit depuis fort long-temps mariée avec M. Dudoyer qui lui est fort attaché, et qui a donné au théâtre quelques pièces mauvaises ou médiocres. Elle s'est retirée assez riche, et sa fortune est venue, non-seulement de ses épargnes et de l'économie modeste qui contrastaient avec le luxe de ses compagnes, mais encore des présens considérables qu'elle recevait journellement des femmes de la cour, qui, pour récompenser sa sagesse, lui donnaient des habits pour tous ses rôles, et la dispensaient par là d'une très grande dépense.

LETTRE CXCIV.

Les vacances sont un temps de disette pour la littérature ; il ne se présente presque rien qui soit digne d'attention. On a joué aux Français le *Bienfait anonyme*, mauvais drame qui n'a pas long-temps occupé la scène. Rien de nouveau à l'opéra. On attend les spectacles de Fontainebleau, qui promettent beaucoup de nouveautés. La maladie de Larive a retardé *Macbeth*, qui allait être joué, et l'on a mis les *Brames* sur le répertoire de Fontainebleau. Point d'ouvrages d'ailleurs, en aucun genre, qui sortent de la classe des brochures vulgaires faites pour amuser les oisifs, et qui ne laissent pas plus de traces que les feuilles journalières qui en rendent compte. On fait courir une petite pièce de vers adressée à M.rs Piis et Barré, les tenans du Vaudeville, et auteurs des *Voyages de Rosine*, dont le fond et les détails ont paru un peu indécens, et n'en ont pas moins réussi. Cette petite épître critique, toujours sur les mêmes rimes, dans le goût de Chapelle, est écrite avec une facilité quelquefois faible et négligé, mais en général agréable, et contient des idées assez saines et de bons avis, dont il est à souhaiter que ces messieurs profitent. *

Et puis voici des vers d'un genre tout différent : je les ai faits à la Ferté pour la fête de Mme de Laborde, l'une des femmes les plus respectables qu'il y ait à Paris, et le modèle des vertus sociales et domestiques.

O vous qui d'un époux digne de votre cœur,
Embellisez les jours aussi purs que les vôtres,
 Vous qui lui rendez le bonheur
  Qu'il sait répandre sur les autres ;
L'amour et l'ornement de la société ;
Vous qui nous présentez sur un si beau visage,
Des modestes vertus l'intéressante image,
 Et le charme de la bonté :
Rosalie, agréez nos vœux et notre hommage.
 Votre fête est de tous les jours.
Peut-on vous fêter mieux qu'en vous aimant toujours,
Sans qu'on puisse jamais vous aimer davantage ?
C'es. aux yeux de Pauline **, à ces yeux si touchans,
A dire mieux que nous à quel point l'on vous aime ;
 Mais si j'en juge par moi-même,
Nous avons tous pour vous le cœur de vos enfans.

---

* On n'a pas pu la retrouver.
** Sa fille aînée.

On a remis au théâtre français la tragédie des *Troyennes*, de Châteaubrun, qui n'avait pas été jouée depuis trente ans. Le vers connu de Boileau,

Et chaque acte en sa pièce est une pièce entière,

est la critique de cette tragédie, composée de beaucoup d'imitations du théâtre des Grecs. Malgré le manque d'unité, défaut si capital, malgré la faiblesse du style, cet ouvrage n'est pas sans mérite. Il y a sur-tout au troisième acte une situation très-intéressante, empruntée de Sénèque : c'est celle où Andromaque cache son fils dans le tombeau d'Hector. Il y a aussi dans le style quelques endroits touchans et quelques morceaux assez purement écrits; mais ce qui, dans la nouveauté, contribua plus que tout le reste à la faire réussir, ce fut le talent de deux actrices célèbres, M.lle Clairon et Mlle Gaussin, dont l'une, dans les prophéties de Cassandre où elle fut d'une beauté supérieure, commença à mériter cette grande réputation qu'elle a eue depuis; et l'autre, dans le rôle d'Andromaque, tira le plus grand parti de ce don de faire verser des larmes que la nature lui avait accordé. On cite encore aujourd'hui ce vers qui rappelle le grand effet qu'elle produisait en disant à Ulysse :

Ces farouches soldats, les laissez-vous ici ?

Mais comme nous n'avons plus ni Clairon ni Gaussin, rien n'a pu couvrir les défauts de la pièce qui n'a que des instans d'intérêt. Elle a été froidement accueillie, et il a fallu la retirer après trois représentations. C'est une de ces pièces qui ne peuvent pas être au répertoire, mais que les comédiens pourraient remettre de temps en temps, sur-tout s'il se trouvait une actrice en état de faire valoir le rôle d'Andromaque.

Les comédiens qu'apparemment on appellera toujours Italiens, donnent toutes les semaines de ces bagatelles que multiplie la facilité du genre et celle du public : l'*Heureuse Erreur*, de M. Patrat, *Cassandre mécanicien*, vaudeville, le *Médecin de l'Amour*, etc. La vogue est à ce théâtre, et tout réussit pour huit jours.

L'académie française avait proposé pour sujet d'éloquence de cette année l'*Eloge* de Fontenelle. Il n'y a eu que sept discours, ce qui est, je crois, sans exemple, six mauvais, et un si médiocre qu'il n'a pas été possible de donner le prix. Je ne sais si pour l'année prochaine on proposera le même sujet.

Les deux fils du ministre de la guerre, M.rs de Ségur, cultivent tous deux les lettres et la poésie. Voici une chanson du comte de Ségur, qui peut, ce me semble, passer pour bonne.

> Tout cœur sensible préfère
> La lune à l'astre du jour.
> Sa douce et tendre lumière,
> Sombre et claire tour-à-tour,
> Offre son ombre au mystère,
> Et ses clartés à l'amour.
>
> Des longues nuits de l'absence,
> Seule elle adoucit l'horreur,
> Offre à mon cœur l'espérance,
> Porte à mes sens la fraîcheur,
> Et semble, par son silence,
> Attentive à ma douleur.
>
> Sa lueur pâle et discrette
> D'amour dirige les pas,
> De la jeune bergerette
> Fait deviner les appas,
> Et quelquefois même en prête
> A celle qui n'en a pas.
>
> O nuit par elle embellie,
> Plus belle que les beaux jours !
> Quand je suis près de Julie,
> Puisses-tu durer toujours,
> Endormir la jalousie,
> N'éveiller que les amours !

Le vicomte, son frère, a fait le conte suivant sur une aventure réelle et sur un mot connu.

O vous dont la douce existence,
L'état heureux, la complaisance,
M'ont fait plus d'une fois envier vos plaisirs,
Je veux, sages c..., mais sans nulle indécence,
En parlant d'un confrère égayer mes loisirs.

DAMON depuis deux ans voyait dans son ménage
Un galant assidu, bien joli, bien tourné.
Damon se vit c...; mais comme il était sage;
De ce qu'il ne dit mot soyez moins étonné.
Souvent avec le temps l'amour passe et s'envole;
On en voit chaque jour des exemples frappans.
Ce que je trouve affreux, c'est que l'on s'en console :
Si je fus infidèle, au moins je m'en repens.
Revenons à Damon : son épouse jolie,
Un jour, soit infidélité,
Soit caprice ou légèreté,
De quitter son amant conçut la fantaisie.
« Je veux, dit-elle à son époux,
Qu'au marquis dès ce soir ma porte soit *fermée*.
On le croit mon amant, et j'en suis en courroux.
Je ne veux plus le voir, j'y suis *déterminée.* »
« Doucement, dit Damon; tenez à votre choix.
Je veux voir le marquis, et toute la journée.
Vous l'avez pris pour vous: conservez-le pour moi. »

LETTRE CXCV.

On a donné à l'opéra *Alexandre dans les Indes*, qui n'a rien de commun que le titre avec le célèbre ouvrage italien, *Alessandro nelle Indie*. Certainement les auteurs de l'opéra français (car ils sont deux ou trois, et n'en sont ni meilleurs écrivains ni plus connus) sont fort loin de Métastase, et M. Méreaux, auteur de la musique, n'est pas un Piccini. Rien n'a réussi de cet ouvrage que la pompe du spectacle : tout le reste a été vanté dans les journaux, et n'a eu aucun succès dans le public, comme c'est assez la coutume. Ceux qui tombent au théâtre cherchent à se relever dans les feuilles, et les feuilles dénigrent ce qui a été applaudi au théâtre. Tel est l'usage depuis long-temps, et il n'est pas prêt à changer. On a mis en même temps *Atys*, tant critiqué dans la nouveauté, et qui s'est trouvé aujourd'hui la ressource de l'opéra. Il n'y a qu'une voix à présent sur le mérite de cet ouvrage, et tout le monde court l'applaudir. Avec le temps notre public de Paris vaut quelque chose; mais il est un peu comme les femmes; il ne faut pas toujours s'en tenir à son premier mot.

On répète actuellement l'opéra de *Didon*, du même Piccini, qui paraît exciter beaucoup d'enthousiasme, et qui, dit-on, a converti même des Gluckistes : grand miracle ! L'intérêt de ce sujet, l'un des plus heureux pour la scène lyrique, et le jeu de M.me Saint-Huberti, contribuent beaucoup à ce succès, mais en général on prétend que Piccini s'est surpassé lui-même. Je dois voir incessamment la dernière répétition ; mais il faut attendre l'effet de la pièce sur le public.

Les Italiens ont joué un drame intitulé *Monrose et Amélie*, qui est, dit-on, d'un médecin. M. de Bièvre ne manquera pas de dire que c'est une *drogue*. Il y a pourtant quelque intérêt dans les deux derniers actes : en total, c'est un roman trivial, rempli de réminiscences, de plagiats, de lieux communs et de mauvais goût. Ce drame, quoique applaudi, n'attire pas grand monde; mais la foule est toujours à *Blaise et Babet*, qui en est à la trente et unième représentation, tant il est heureux d'avoir une M.me Dugazon !

La séance de la S. Louis n'a pas été brillante. On a lu un éloge de Fontenelle, composé par feu Duclos, et absolument dans le goût de cet écrivain, c'est-à-dire froid, sec et épigrammatique. Duclos, spirituel et précis dans ses *Considérations sur les mœurs*, moraliste et romancier ingénieux, était d'ailleurs étranger à l'éloquence, même à celle de l'histoire. On a remis le prix de l'éloge de Fontenelle à l'année prochaine, et proposé celui de Louis XII, roi de France, pour l'année suivante. M. Le Mière a lu un acte de la tragédie de *Barnevelt*, pensionnaire de Hollande. Il est assez difficile que la lecture d'un acte détaché produise beaucoup d'effet, et le style de Le Mière, dénué de l'illusion théatrale, n'est pas séduisant. On a applaudi quelques vers, et tout le reste a paru fort ennuyeux.

La littérature est menacée de perdre *les deux Atlas de l'Encyclopédie* : d'Alembert et Diderot sont en fort mauvais état. Le premier sur-tout est très-mal ; un ulcère à la vessie et une humeur qui s'est jetée sur sa poitrine, l'ont réduit à l'éthisie, et il semble n'avoir plus que le souffle. La maladie de Diderot tend à l'hydropisie ; mais quoiqu'il ait sept ans de plus que d'Alembert (il a 72 ans), il résiste mieux jusqu'ici, et paraît pouvoir se défendre plus long-temps. J'ai fort peu de liaisons avec Diderot, dont je n'ai jamais goûté beaucoup ni les ouvrages ni même la personne, malgré tous les éloges qu'il m'a donnés : mais j'aime d'Alembert, qui m'a toujours aimé, et son état m'afflige.

Je joins ici quelques couplets faits le jour de la S. Louis, à la Ferté, pour Mmes Descars, de Vintimille et de Montesquiou-Fesenzac, qui toutes trois s'appellent Louise.

AUX TROIS LOUISES.

Les noms de la bergerie,
Me dit un jour Apollon,
Philis, Thémire et Sylvie,
Ont endormi l'Hélicon.
Je prétends, quoi qu'on en dise,
Qu'un autre nom soit chanté,
Et c'est celui de Louïse
Que je donne à la beauté.
A ce nom d'heureux présage,
J'attacherai mes faveurs;
Il marquera l'assemblage
Des dons les plus enchanteurs.
Si je veux que l'on s'instruise
Dans les arts que je chéris,
Je dirai, voyez Louïse,
Elle en remporte le prix.

Si dans une main savante
Je fais passer quelquefois
Cette harpe ravissante
Dont j'accompagne ma voix ;
Par avance elle est promise ;
Je sais à qui la donner.
C'est sous les doigts de Louise
Qu'on l'entendra résonner.

Des talens de Polymnie
J'aime les efforts heureux,
Et de sa douce harmonie
Les accords ingénieux.
Je veux que son art produise
L'ensemble le plus touchant,
Et que la voix de Louïse
N'ait rien d'égal que son chant.

De la grâce naturelle
Dont l'esprit est embelli,
Si je compose un modèle
Qu'il soit en tout accompli ;
Si je veux qu'il reproduise
Mes secrets les plus féconds,
Ecoutez parler Louïse,
Vous entendrez mes leçons.

Et le Parnasse et Cythère
De tout temps sont bons amis.
A l'Amour je cherche à plaire,
Et l'Amour m'a tout promis.

L..

D'un teint que lui-même il prise
S'il veut former les couleurs,
C'est pour celui de Louïse
Qu'il garde le plus de fleurs.

C'est ainsi qu'en confidence
M'entretenait Apollon,
Et d'un peu de complaisance
Je soupçonnais mon patron.
Sa Louïse est peu commune;
Je crus le portrait flatté;
Mais j'en ai vu trois pour une,
En venant à la Ferté.

LETTRE CXCVI.

Beaumarchais toujours actif et infatigable, a fait de nouvelles tentatives pour ses *Noces de Figaro*. Il a obtenu l'approbation de deux censeurs, moyennant quelques sacrifices. M. de Vaudreuil a eu la permission de faire jouer la pièce chez lui, à Gennevilliers, par les comédiens français, devant trois cents personnes. La comédie se flattait, d'après toutes ces circonstances, de jouer enfin cet ouvrage. Mais malgré les approbations, la permission de représenter ne vient point encore, et l'on doute même qu'elle arrive. Il semble que la fonction des censeurs soit devenue à-peu-près illusoire, puisque leur signature au bas d'une pièce ne suffit pas pour que la pièce soit permise. Voilà quatre ouvrages arrêtés depuis un an : les auteurs et les comédiens crient, mais inutilement; et il n'y a pas de pire condition que celle de travailler pour le théâtre. Autrefois on n'avait affaire qu'au censeur de police qui approuvait, et au magistrat de cette même police qui signait la permission de représenter. Aujourd'hui le garde des sceaux se fait représenter tous les ouvrages, et trouve des raisons pour empêcher qu'on ne les joue. Ainsi l'on n'est jamais sûr de rien.

Le chevalier de Florian a adressé à M. le duc de Penthièvre de jolis vers sur Anet, maison de campagne de ce prince.

 Vallon délicieux, asyle du repos,
Que mon cœur est ému de vos beautés champêtres !
J'aime à me rappeler sous ces rians berceaux
 Qu'en tous tems Anet eut pour maîtres,
  Ou des belles ou des héros.
Henri bâtit ces murs, monument de tendresse ;
Il y grava par-tout le nom de sa maîtresse ;
Chaque pierre offre encor des croissans, des carquois,
Et nous dit que Diane ici donna des loix.
Vendôme couronné des mains de la victoire,
Pour les myrtes d'Anet oubliant ses lauriers,
  Sous ces antiques peupliers
  A long-tems reposé sa gloire.
Enfin de ce beau lieu Penthièvre est possesseur ;
Avec lui la bonté, la douce bienfaisance
Dans ce palais modeste habitent en silence.
Les vains plaisirs ont fui, mais non pas le bonheur.
Bourbon n'appelle point les folâtres bergères
  Sous l'ombrage de ses ormeaux ;
Il ne se mêle point à leurs danses légères,
  Mais il leur donne des troupeaux.

Anet, que ton *orgueil* * sur ces titres se fonde.
Pour illustrer ton nom que te faut-il de plus?
Anet a rassemblé tous les biens de ce monde,
    L'amour, la gloire et les vertus.

La seule nouveauté que les comédiens français aient jouée à Fontainebleau, est la comédie du *Séducteur*, en cinq actes et en vers. Cet ouvrage est de M. de Bièvre, qui n'était connu jusqu'ici dans le monde que par son goût pour les calembourgs, quoique ses amis sussent fort bien qu'il valait mieux que sa réputation, et qu'il avait choisi un genre d'esprit fort au-dessous du sien. Il y a six ans qu'il me montra, sous le sceau du secret, la comédie du *Séducteur*: j'y trouvai de fort jolis vers : mais je ne fus pas content de la pièce. Il la présenta néanmoins aux comédiens qui la refusèrent; il la retravailla depuis, et la fit recevoir cette année. Elle a été jouée anonyme à Fontainebleau où elle a eu peu de succès, et à Paris où elle en a eu beaucoup. C'est là le cas de demander qui

---

* Et pourquoi de *l'orgueil* ? Quelle rage de mettre *l'orgueil* par-tout, comme si c'était la plus belle chose du monde ? Qu'est-ce que *l'orgueil* d'Anet ? Est-ce qu'on ne peut *s'honorer* à moins de *s'enorgueillir* ? C'est le premier qui était le mot propre, et l'autre que l'on prodigue à tout propos parce qu'il est ronflant, n'est le plus souvent qu'une cheville.

avait tort ou raison, de la ville ou de la cour. A mon avis, l'une a été sévère et l'autre indulgente, et il y a dans la pièce assez de mérite et de défauts pour justifier à un certain point l'un et l'autre jugement.

Le fond du *Séducteur* est tiré du roman de Clarisse : M. de Bièvre a voulu mettre Lovelace sur la scène. Son principal personnage est un homme de vingt-huit ans, sans mœurs et sans principes, qui a un grand nom et des dettes, et qui pour arranger ses affaires, veut épouser Rosalie, jeune personne dont il n'est point aimé, et qui même en aime un autre. Mais il a trouvé le moyen d'éloigner d'elle Damis son amant; il la brouille avec son amie, une veuve de vingt-quatre ans qui lui sert de guide et de protectrice. Elle a une querelle avec son père qui veut la renvoyer au couvent, et c'est le moment que prend le *Séducteur* pour l'engager à fuir de la maison paternelle, et à se jeter dans les bras de sa mère à lui et de sa sœur, qui doivent venir prendre Rosalie dans leur carosse, à l'entrée de la nuit, à la porte du parc; car la scène se passe à la campagne. On se doute bien que cette mère et cette sœur sont supposées. Rosalie ne consent pas tout-à-fait à l'évasion nocturne ; mais pourtant elle vient au rendez-vous, et heureusement pour elle, dans l'instant où elle arrive, son amie qui la cherche l'appelle par son nom, et cette voix fait fuir le *Séducteur*. Damis son amant, qui a découvert toute la trame, se trouve là comme on s'y attend bien : scène d'éclaircissement et de réconciliation. Le père et l'amie arrivent ; le *Séducteur* est éconduit, et Damis épouse Rosalie.

On voit déja par cet exposé, que les ressorts de cette intrigue ne sont ni assez forts ni assez bien combinés. Quand Clarisse prend le parti de la fuite, elle est réduite au désespoir par une longue persécution de sa famille, et sur-tout par l'horreur qu'elle a pour M. Solmes qu'il faut absolument qu'elle épouse le lendemain, et enfin elle a du moins quelque goût pour Lovelace. Voilà sans doute de quoi renverser une jeune tête ; mais Rosalie a déja fait un choix ; c'est beaucoup, c'est tout, et une querelle d'un moment avec un père qui est le meilleur homme du monde, et la crainte de quelques mois de couvent, en mettant tout au pis, ne peuvent pas la troubler assez pour la déterminer à la démarche la plus hardie et la plus effrayante que puisse hasarder une fille bien née, sur-tout avec un homme qu'elle n'aime point du tout. Mais ce défaut n'est pas le plus considérable; car il produit du moins la situation du cinquième acte, la seule intéressante de la pièce, et qui a le plus influé sur le succès, en raison de cette pitié naturelle qu'on a toujours pour l'innocence en danger, et qu'augmentait la figure virginale et la voix touchante d'une jeune actrice, M.lle Olivier, qui est beaucoup plus jolie que M.lle Doligny, et qui a quelque chose du charme de son organe. Ce qu'il y a de plus répréhensible, c'est le vide absolu des trois premiers actes dans lesquels il n'y a pas trace d'intrigue ni d'action. Joignez à ce vice essentiel les caractères manqués, tels que celui du père qui est d'une nullité et d'une bêtise impardonnable, celui d'un valet *philosophe* qui ne sait pas l'orthographe et passe pour un savant, qui ne sert en rien à l'intrigue, et qui n'est qu'une caricature informe et une dissonance révoltante; une Mélise, autre personnage inutile, à qui le *Séducteur* fait très-mal-à-propos une déclaration d'amour, dans une maison où il veut épouser Rosalie. Toutes ces fautes inexcusables peuvent bien justifier le jugement de Fontainebleau.

Mais d'un autre côté, des détails agréables dans le rôle du *Séducteur* qui remplit une grande partie de la pièce, de temps en temps quelques vers qui ont de la grâce et de la douceur, un style en général assez correct, malgré beaucoup de lieux communs et quelques négligences, et enfin l'intérêt du cinquième acte ont pu disposer le public à l'indulgence, dans un temps où il est si rare d'entendre une comédie supportable. C'est le style sur-tout qui a fait le succès de celle-ci, et il est à remarquer qu'il n'est pas au-dessus du médiocre ; mais on écrit si mal aujourd'hui que le médiocre peut paraître excellent, quand il n'y a point de parti contre l'auteur, comme dans cette occasion : dans le cas contraire, l'excellent est rabaissé jusqu'au médiocre par tout ce qui est dans les intérêts de la médiocrité. Si M. de Bièvre avait de la réputation et des ennemis, à peine aurait-on rendu justice au peu qu'il y a de bon dans la pièce. Mais comme c'est un homme du monde et sans conséquence, le journal de Paris n'a pas manqué de comparer son style à celui du *Méchant*, dont une scène vaut mieux que vingt pièces écrites comme le *Séducteur*. M. de Bièvre s'est nommé après la première représentation, et comme on doutait encore, il a imprimé dans ce même journal de Paris une lettre où il se déclare l'auteur du *Séducteur*.

La santé de d'Alembert va toujours en empirant : sa fin est lente et douloureuse ; et pour comble de malheur, il commence à la prévoir. Il est dans un extrême abattement d'esprit ; car rien n'abat comme une longue souffrance qui n'a de terme que la mort. Il parle peu et avec peine ; mais il desire toujours qu'on s'entretienne autour de lui, et sa raison ne se sent point de l'affaiblissement de ses forces. Malheureusement encore, dans l'extrême besoin qu'il a de voir du monde, il ne peut pas toujours choisir, et l'on rencontre aujourd'hui chez lui des gens bien peu faits pour y être, et qui jusqu'à ce moment n'y avaient pas été admis. Plusieurs de ses confrères qui lui ont l'obligation de l'être, ont l'ingratitude de l'abandonner, et la dureté de s'occuper déja de sa dépouille. Rien ne rappelle davantage ces beaux vers de Voltaire :

Ah ! que nos derniers jours sont rarement sereins !
Que tout sert à ternir notre grandeur première,
Et qu'avec amertume on finit sa carrière !

LETTRE CXCVII.

Les lettres et l'académie ont perdu M. d'Alembert. Il est mort dans la soixante-sixième année de son âge, et l'ouverture de son corps qu'il avait ordonnée par son testament, a prouvé ce qu'il avait craint de s'avouer à lui-même, qu'il avait la pierre, et qu'une opération sûre et facile pouvait encore prolonger ses jours, et peut-être pour bien des années. Mais il n'a jamais voulu souffrir la sonde, et il avouait même que dans le cas où il serait avéré qu'il avait la pierre, il ne pourrait se résoudre à subir l'opération, et qu'il aimerait mieux mourir. Cette crainte et les assurances que lui donnait Barthez son médecin (sans doute par complaisance), qu'il n'était pas dans le cas d'être taillé, et que sa maladie n'était pas la pierre, le déterminèrent à un régime fondant qui le jeta par degrés dans le marasme et le conduisit à sa fin. Dès qu'elle lui a paru certaine, il l'a vue approcher avec assez de résignation, et a fait voir que s'il avait trop craint la douleur, il ne craignait pas beaucoup la mort. Mais il est toujours très-triste qu'une faiblesse pusillanime, peu digne d'un philosophe et même d'un homme, ait été cause qu'un académicien de ce mérite nous ait été enlevé avant le temps.

Son testament qui commence par la formule accoutumée, *au nom du Père et du Fils et du Saint-Esprit**, contient quelques legs pour ses domestiques, fruit des épargnes qu'il avait faites sur une médiocre fortune qui consistait toute entière en pensions viagères, juste récompense de ses talens et de ses travaux. Il a laissé quelques marques de souvenir à ses amis, comme des vases, des tableaux, des portraits. Il m'a fait l'honneur de me mettre de ce nombre, et m'a légué le buste de Molière.

Le curé de Saint-Germain se présenta chez lui la veille de sa mort : on lui fit dire que M. d'Alembert n'était pas en état de le voir, et qu'il le priait de venir dans un autre moment. Le lendemain il n'était plus, et le

---

* C'était bien pour lui *style de notaire*, j'en conviens; mais je sais aussi que dans le temps on se disait à l'oreille, que s'il était *mort en philosophe*, c'était grâce aux soins de deux ou trois amis qui disposaient de ses derniers momens ; et je puis affirmer que l'un d'eux me dit alors ces propres mots : *Il était couard*.

curé blessé du refus de la visite de la veille, fit d'abord difficulté de l'enterrer. Cependant il y consentit à la fin, sans permettre toutefois que son corps fût déposé dans un des caveaux de l'église, selon l'usage, pour être transporté quelques heures après au cimetière qui est à une des barrières de Paris. Le corps resta sous le drap mortuaire jusqu'à l'heure du transport. Le convoi a été modeste ; mais le cortège était nombreux. On n'a obtenu aussi qu'avec peine que l'endroit du cimetière où il est enterré fût marqué par une plaque de plomb et une inscription. On a pourtant vaincu les obstacles, et grâces à cette complaisance, on saura du moins où repose le corps de d'Alembert *.

On sait depuis long-temps qu'il était fils naturel de Mme de Tencin et d'un M. Destouches ; qu'il fut exposé un moment après sa naissance sur les marches de Saint-Roch, et recueilli par une vitrière nommée Rousseau, qui eut soin de son enfance, et qui appercevant en lui des dispositions rares, le fit étudier

---

* On ne pouvait pas prévoir la destruction des asyles des morts d'un bout de la France à l'autre. *Obstupescite, cœli, super hoc !*

à ses frais au collège des Quatre-Nations. Dans la suite, lorsque son nom devint célèbre, la marquise de Tencin offrit de le reconnaître ; mais il répondit qu'il ne connaissait de mère que celle qui l'avait nourri et élevé, et non celle qui l'avait abandonné. Il resta toujours tendrement attaché à cette bonne vitrière, et lui fit une pension qu'il lui continue encore par son testament, dont M.rs de Condorcet et Remy, celui-ci conseiller au Châtelet ou à la chambre des comptes, (je ne sais trop lequel) sont nommés exécuteurs.

C'est sur-tout à ses travaux dans les mathématiques, et au génie qu'il a montré dans les sciences exactes, qu'il fut redevable de sa réputation, et c'est là sans doute la partie la plus brillante de sa gloire. Les géomètres les plus profonds conviennent qu'il a découvert de nouvelles méthodes et de nouvelles analyses, en un mot ajouté à la science, ce qui n'est donné qu'à un petit nombre d'hommes. Mais ses titres littéraires ne sont pas non plus sans éclat; et comme littérateur et comme écrivain, il mérite encore une place très-distinguée. On a, je l'avoue, démesurément loué son Discours préliminaire de l'Encyclopédie, qui n'est point (quoi qu'on en ait dit) *un ouvrage de génie*, mais dont le plan bien conçu et bien rempli, est d'un esprit juste, étendu et méthodique, et d'un bon écrivain. Son éloge de Montesquieu et quelques autres morceaux du même genre prouvent qu'il avait échappé à la contagion du mauvais goût : le style en est sain, élégant et précis. Mais comme on ne rencontre dans aucun des sujets qu'il a choisis, ni grands tableaux, ni grands mouvemens, ni grandes idées, il ne peut être mis qu'au second rang des prosateurs. Sa traduction de quelques morceaux de Tacite est pure, nette et concise; mais elle manque de l'énergie de l'original, et ne rend pas toujours le sens. Ses *Mémoires sur Christine* sont agréables, d'un style ingénieux, quelquefois trop épigrammatique, et ce même défaut se retrouve dans la plupart de ses *Eloges*, sur-tout dans les derniers. Sa discussion est aussi trop sèchement et trop minutieusement analytique dans les matières de goût. En général sa manière est plus pensée et plus travaillée que celle de Fontenelle; mais il semble affecter l'humeur comme Fontenelle l'agrément. L'un veut blesser comme l'autre veut plaire; et quoiqu'il ne faille rien affecter, l'une de ces deux manières est certainement plus attirante que l'autre, et Fontenelle aura toujours plus de lecteurs, et plus d'amis parmi ses lecteurs.

L'*Essai sur les Grands* ne dut pas en faire à d'Alembert. C'est une lutte continuelle de l'amour-propre des gens de lettres contre celui des gens du monde : il semble qu'on soit moins blessé de ce dernier, et cependant pourquoi l'autre ne serait-il pas tout au moins aussi excusable? Ceux qui reprochent tant l'amour-propre aux écrivains et aux artistes, ne songent peut-être pas assez que leur existence est une espèce de dévouement, et que les sacrifices qu'ils ont faits méritent quelque compensation. Politiquement parlant, il n'y a pas de mal que chacun agrandisse un peu à ses propres yeux (toutes convenances d'ailleurs observées), les objets dont il s'occupe : c'est un moyen d'y mieux réussir. L'exacte raison met tout à sa place; mais c'est l'enthousiasme qui fait qu'on en mérite une; et y a-t-il de l'enthousiasme sans quelque illusion? Quand Racine, après beaucoup de dégoûts et de chagrins essuyés, ne fit plus qu'apprécier l'opinion ce qu'elle valait, il fut douze ans sans rien faire, et ce ne fut pas pour lui seul que ces douze années furent perdues.

On a reproché à d'Alembert d'avoir trop affiché l'ambition de disposer des places à l'académie, et d'avoir plus d'une fois consulté dans les choix qu'il a faits, plutôt des relations sociales et personnelles que la renommée et le public. On l'a vu aussi avec peine trop occupé du soin de se faire louer dans les journaux, et s'abaissant à de petits moyens qui quelquefois ne lui réussissaient même pas. Il écrivit un jour *avec respect* à S** qui travaille à la feuille de Paris, et celui-ci eut le bon esprit de sentir le ridicule que se donnait un homme de l'âge et de la réputation de M. d'Alembert, et s'en moqua publiquement.

Mais ces petits travers (et qui n'a pas les siens?) étaient couverts par des qualités précieuses. Il était bon et bienfaisant; il aimait et encourageait le mérite, et donnait aux pauvres une partie de son modique revenu. Il y a même des aumônes de ce genre qu'il a prié M. de Condorcet et son héritier de continuer, autant que le permettraient les fonds qu'il a laissés pour cet objet.

Il fut reçu à l'académie française en 1754,

M..

dans le temps où l'Encyclopédie avait excité une grande fermentation dans les esprits. Son élection fut traversée par beaucoup d'obstacles, et même il passe pour constant qu'il y avait un nombre de boules noires plus que suffisant pour l'exclure, si Duclos, qui ne perdait pas la tête, et qui était en tout hardi et décidé, n'eût pris sur lui de les brouiller dans le scrutin *, en disant très-haut qu'il y avait autant de boules blanches qu'il en fallait. La première récompense qu'il ait obtenue, est une pension que lui offrit le roi de Prusse, sans le connaître autrement que par ses écrits. Ce prince a continué d'entretenir avec lui jusqu'à sa mort une correspondance intime, très-piquante et très-curieuse, qui est actuellement, ainsi que tous les papiers de d'Alembert, entre les mains de M. de Condorcet.

---

* Duclos et d'Alembert m'ont tous deux confirmé le fait plus d'un fois : *tout était noir;* c'est leur expression. Ce fait que je crois unique dans l'histoire de l'Académie, pourrait fournir matière à bien des réflexions.

LETTRE CXCVIII.

Toutes les nouveautés de Fontainebleau, tant des Italiens que de l'Opéra, ont tombé jusqu'ici, excepté *Didon*, qui a eu un très-grand succès, dû principalement à la musique de Piccini et au jeu vraiment admirable de Mlle Saint-Huberti, qui fait aujourd'hui les délices de la cour et de la ville. Le poëme ne répond pas en tout à ce que promettait un si beau sujet. Il est parfaitement coupé pour la musique, et offre des situations et des tableaux, sur-tout au troisième acte, qui sont vraiment des conceptions de l'art, quoiqu'indiquées par Virgile. Mais le style, le dialogue et les caractères sont défectueux de plus d'une manière, et pourtant l'auteur avait de bien grands secours. Il s'est servi de la fable de Métastase, ce qui était plus aisé que de tirer parti de la poésie de Virgile. La pièce est écrite beaucoup plus médiocrement que la *Didon* de Pompignan; car il y a dans celui-ci de beaux morceaux, pas un dans l'opéra, pas même de beaux vers. On en trouve au contraire une foule de mauvais.

> DIDON, je vous porte les vœux
> *Du* Roi *du* Numide et *du* Maure.
> . . . .
> Trop fier de ma faiblesse,
> Et d'un choix qui me *blesse*,
> Crois-tu que je te *laisse*
> *Le maître de son cœur* ?

C'est le fier et sauvage Hiarbe qui parle en vers si mous et si flasques à son rival Enée. C'est ce même Hiarbe qui dans toute la pièce joue le rôle le plus méprisable ; qui, dans le moment où il apprend qu'Enée se dispose à quitter Didon, au lieu d'en triompher en rival outragé et furieux, vient en faire à Didon une froide confidence, comme un valet de comédie. C'est Didon qui dit à Enée :

> J'ai beau le voir, je crois à peine
> Ce que Vénus a fait pour moi.
> *Aux* malheurs causés par Hélène,
> Il est donc vrai que *je vous doi* ?

Sans parler de la dureté de cette dernière inversion, que peut signifier cette phrase, et que font *les malheurs d'Hélène* à l'amour de Didon ? Est-ce une raison pour qu'elle aime davantage Enée ? il est impossible d'y rien comprendre. Ce rôle d'Enée aussi est négligé et plus froid qu'il ne devrait l'être. Il répond aux reproches de Didon par ce vers ridicule :

Didon, plus je diffère, et *plus le mal augmente.*

Tout le monde sait combien Virgile est sublime dans les fureurs de Didon : voici comment elle s'exprime dans l'opéra :

Va, pour ta course vagabonde
Hâte-toi de tout préparer.
Remonte sur ces mers qui vont nous séparer ;
Va chercher l'Italie, *errant au gré de l'onde.*
Il saura me venger, ce perfide élément.
Triste jouet des flots, des vents et de l'orage,
Environné d'écueils, *menacé du naufrage,*
Tu te repentiras dans ce fatal moment,
D'avoir abandonné ce tranquille rivage,
Où l'amour t'aurait fait un destin si charmant.
Tu nommeras Didon, *présente à ta pensée ;*
Tu gémiras, ingrat, de l'avoir offensée,
Tu l'appelleras vainement.

Ici chaque expression devrait être le cri de l'amour, de la douleur et de la rage, et combien de faiblesse et de chevilles dans tous ces vers là ! Ceux que débite Didon après la fuite d'Enée sont encore bien plus mauvais.

Désespoir impuissant ! *rage vaine* et *tardive,*

> Il m'échappe !.... il fallait l'enchaîner sur la rive,
> Brûler sa flotte *avant qu'elle pût s'éloigner*,
> Dans le sang de son fils, dans son sang me baigner ;
> Enfin mourir vengée, ou *du moins en captive*
> *Le suivre où le destin le condamne à régner.*

On ne sait si on lit de la prose ou des vers, tant ceux-ci sont mal construits ; mais ce qu'il y a de pis, c'est la fausseté des idées et des rapports. Comment Didon, après avoir dit, *enfin mourir vengée*, peut-elle ajouter, *ou du moins en captive le suivre* ? Ce retour si tendre et cet abandon si entier n'est-il pas, dans la situation où elle est, le plus étrange contre-sens ? Armide dit bien à Renaud :

> Au moins comme ennemi, si ce n'est comme amant,
> Emmenez Armide captive.

Mais alors Renaud est là ; et quand il est parti, elle parle un langage bien différent : les passions ont leur logique. Cet opéra, quoique l'ensemble et la musique en fassent au théâtre un des plus beaux que nous ayons, n'en prouve pas moins à la lecture, comme tous les autres opéras et toutes les tragédies de Marmontel, qu'il est incapable de s'élever à la grande poésie. Ses opéras-comiques sont fort agréables ; il fait bien le vers à cinq pieds, celui de tous qui approche le plus de la prose, et qui d'ailleurs permet les enjambemens et le mélange des styles; mais il ne connaît point la phrase poétique ni la marche des vers alexandrins. En ce genre il est presque toujours dur ou faible, et souvent faux. Tout cela n'empêche pas qu'il ne soit très-capable de remplir la place de d'Alembert dans le secrétariat de l'académie. Quarante ans de travaux et des ouvrages estimables en divers genres méritent cette récompense que je crois qu'il obtiendra. On peut être un poëte médiocre et un bon littérateur, par conséquent un bon secrétaire de l'académie.

La mort du comte de Tressan y laisse une seconde place vacante. Après l'élection du nouveau secrétaire qui doit se faire le 27 de ce mois, on s'occupera du choix de deux nouveaux académiciens, qui seront, je crois, M. Bailly et M. le comte de Choiseul-Gouffier. Ce dernier est connu par un ouvrage utile et bien exécuté, *le Voyage de la Grèce*, qui est un véritable service rendu aux arts, et le fruit de beaucoup de travaux, de fatigues et même de dépenses. Le comte de Choiseul est nommé pour l'ambassade de Constantinople, et il voudrait bien partir académicien français. Comme notre institution admet les grands à titre d'amateurs, il paraît juste de ne pas lui refuser cette récompense, d'autant que les concurrens qui se présentent jusqu'ici ne sont pas imposans.

Le comte de Tressan n'a pas laissé beaucoup de regrets. C'est lui qui dans la dernière élection avait trahi M. de Buffon et M. Bailly, ses amis depuis vingt ans, et ce fut sa voix qui seule fit la pluralité en faveur de M. de Condorcet. Il avait une faiblesse et une mobilité de caractère qui nuisaient beaucoup à sa considération, et l'on a remarqué que sa mort qui faisait place à M. Bailly, était une espèce de restitution de celle qu'il lui avait ôtée.

LETTRE CXCIX.

Au retour de Fontainebleau, *Didon* a été jouée à Paris avec le plus brillant succès; et peu de jours après, Piccini a donné au théâtre italien le *Faux Lord*, opéra-comique dont les paroles ont été composées par son fils; ainsi c'était le cas d'une double paternité. La pièce est une bagatelle, dans le genre des *opera buffa* d'Italie, et n'est pas faite pour être jugée sévèrement. La musique est fort jolie; le tout a beaucoup réussi, et Piccini a eu l'honneur de nous faire pleurer à un théâtre et rire à l'autre. On attend encore de lui *le Dormeur éveillé*, dont les paroles sont de Marmontel, et une pastorale nommée *Endymion*.

On a joué au théâtre français ma tragédie des *Brames*. Le public lui a fait un accueil d'autant plus flatteur, que Brisard, chargé d'un rôle de 700 vers qui doit faire le sort de la pièce, n'a plus ni force, ni voix, ni mémoire; et qu'avec des dents postiches il prononce mal et difficilement. Après les quatre premiers actes applaudis *avec enthou-*

siasme (c'est l'expression des *Petites-Affiches*, et l'abbé Aubert n'est pas de mes amis) , il n'a plus été possible d'entendre Brisard, et le cinquième, le plus essentiel de tous, a été presqu'entièrement anéanti par la faiblesse de son jeu. A la seconde représentation, c'était encore pis ; le souffleur a dit la moitié de son rôle, et on a vu le moment qu'il ne pourrait pas achever : c'est en vérité la bienveillance du public qui a pu seule le soutenir jusqu'au bout. Mais j'ai dû retirer sur le champ l'ouvrage qui ne pouvait pas être vu dans son cadre, et qui ne peut être remis qu'après la retraite de Brisard. Jusqu'à ce moment je ne veux point lui faire le chagrin de donner à un autre le rôle que je lui avais confié, je l'avoue, avec trop de complaisance, et pour ne pas désobliger un des acteurs les plus honnêtes et les plus estimés. Le lendemain on a remis *Philoctète*, et Larive a reparu après une absence de quatre mois. Il a été reçu avec une grande faveur, et l'ouvrage qu'il n'avait jamais si bien joué, n'a jamais eu plus d'effet. Il y avait un grand concours de monde, et Larive rejouera la pièce plusieurs fois. Ce sont les acteurs qui font la vogue des pièces de théâtre ; la mul-

-titude ne peut sentir que ce que l'on sait lui communiquer.

Les expériences des ballons aérostatiques continuent toujours. La plus brillante de toutes a été celle de M.ʳˢ Charles et Robert, qui sont partis du bassin des Tuileries dans un char attaché à une machine remplie d'air inflammable, et ont été descendre deux heures après auprès de l'Ile-Adam, à neuf lieues de Paris. M. Charles est remonté seul dans la machine, a été une lieue plus loin, et a redescendu aussi heureusement que la première fois. Le roi a ordonné qu'on élevât un monument en marbre à l'endroit des Tuileries d'où ils sont partis. Ce monument représentera cette ascension telle qu'elle a été faite ; on y joindra le buste de M. de Montgolfier, premier auteur de cette brillante découverte. Il a le cordon noir de Saint-Michel et 2000 livres de pension. M.ʳˢ Charles, Robert et Pilâtre du Rosier sont pensionnés aussi. On attend le printemps pour faire de nouvelles expériences, et chercher les moyens de se diriger à volonté.

Les Italiens ont joué une *Gabrielle d'Étrées, pièce dramatique* en quatre actes, de M. de Sauvigny, imprimée il y a cinq ou six ans, et jugée dès-lors comme un très-mauvais ouvrage. Elle a eu fort peu de succès ; cependant, comme cette pièce pouvait conduire les comédiens italiens à jouer du tragique, les comédiens français qui ont le droit exclusif de jouer des tragédies, ont fait de grandes plaintes, et les Italiens ont été obligés de promettre que cela ne leur arriverait plus.

L'impression n'a pas été à beaucoup près aussi favorable au *Séducteur* que la représentation, et c'est ce qui arrivera toujours aux ouvrages d'un mérite médiocre. On s'apperçoit aujourd'hui que les caractères de cette pièce sont plus ou moins défectueux, à commencer par le *Séducteur* lui-même ; que les ressorts de l'intrigue sont faibles ou faux ; que les trois premiers actes sont sans action, et que s'il y a quelque pathétique au dénouement, c'est aux dépens de la vraisemblance. La voix d'une actrice et l'art d'un acteur consommé peuvent affaiblir sur la scène l'effet de toutes ces fautes qui se fait sentir à la lecture. Le style même qui est ici ce qu'il y a de plus passable, n'est pourtant pas exempt d'incorrections, de mauvais goût, de galimathias ; la préface est ridicule et inintelligible. Ceux qui avaient osé comparer cette pièce au *Méchant*, sont aujourd'hui bien honteux et ont bien raison de l'être. Quelqu'un à ce propos a dit fort plaisamment que l'ouvrage *était aussi éloigné du bon que du Méchant*.

Le chevalier de Florian vient de publier une charmante production qui a pour titre *Galathée*. C'est une pastorale dont le fond est imité de Cervantes, mais que l'auteur français a fort embellie d'épisodes de son invention, et sur-tout des grâces de sa prose, qui réunit la finesse des idées, la délicatesse des sentimens et l'élégance de l'expression, sans aucune trace du faux goût qui règne aujourd'hui. C'est un jeune homme d'un esprit heureux et naturel, et qui aura toujours des succès, s'il ne sort pas du genre où son talent l'appelle. Sa pastorale qui a généralement réussi, est mêlée de plusieurs morceaux de poésie amoureuse, le plus souvent faibles de diction, mais où l'on trouve toujours un fond de sensibilité, et de temps en temps quelques jolis vers.

LETTRE CC.

Il peut arriver que l'anglomanie qui s'était emparée de notre théâtre, passe comme tant d'autres modes. Le *Roi Léar* a eu beaucoup moins de succès à la reprise, et *Macbeth* a été fort mal reçu à la première représentation. Il est vrai qu'à la seconde on a fait de grands efforts pour le relever ; mais le vice de la pièce est irrémédiable ; c'est l'ennui, c'est un fond d'atrocités froides et gratuites. Le sujet qui pouvait être tragique, a été mal conçu, non-seulement dans Shakespeare qui ne connaissait pas l'art, mais aussi dans son imitateur M. Ducis, qui devrait le connaître beaucoup mieux.

Macbeth, le principal personnage, est un homme absolument sans caractère, que sa femme détermine à assassiner son roi qui l'a comblé de biens et qui vient loger chez lui ; et le seul motif de cet attentat, c'est un songe de Macbeth dans lequel on lui a prédit qu'il serait roi. Du reste, il n'est point ambitieux, il n'a point la soif de régner, il n'est point animé par la vengeance. C'est proprement un enfant imbécille à qui l'on met un poignard dans la main, en lui disant, frappe, et qui ensuite se met à pleurer et à se lamenter sans fin, quand il a fait le crime et qu'il a vu couler le sang. Rien n'est moins théâtral qu'un personnage si passif. Les grands crimes ne peuvent se motiver au théâtre que par une grande force de caractère, ou une grande séduction, par un scélérat audacieux comme Mahomet, ou un jeune homme égaré comme Séide. Il n'y a rien de pis au théâtre que la faiblesse, quand elle n'a pas l'excuse des passions : alors elle n'est que méprisable. Un autre grand défaut de *Macbeth*, c'est que la pièce, passé le second acte, n'est pas même soutenue par l'intérêt de la curiosité : le meurtre est commis dans l'entr'acte du second au troisième, et par conséquent le nœud principal est tranché, et les très-inutiles remords de Macbeth qui gémit pendant tout le reste de la pièce, ne peuvent soutenir l'attention et l'intérêt du spectateur. Macbeth finit par se tuer au cinquième acte, et pourrait de même se tuer au troisième. A l'égard du style, il est comme celui du *Roi Léar*, rempli de déclamations et de mauvais goût, de jargon, de bouffissures, de solécismes, et mêlé de quelques beaux vers.

Le Droit du Seigneur, opéra-comique que M. Desfontaines a tiré d'une comédie du même nom, de M. de Voltaire, a été donnée aux Italiens avec succès, et ce succès est dû à la musique de Martini qui est très-agréable, et au jeu de Mme Dugazon ; car d'ailleurs la pièce est des plus médiocres. Mme Dugazon et Mlle Saint-Huberti font les beaux jours de Paris. Cette dernière a été couronnée dernièrement sur le théâtre de l'Opéra, où *Didon* continue à jouir du plus éclatant succès. On vient de nous donner *la Caravane* de Grétri, paroles de M. Morel. Ce M. Morel n'a jamais rien été, et Grétri n'est pas toujours Grétri ; mais le spectacle en a paru fort beau, et cela suffit pour soutenir un opéra, témoin celui d'*Alexandre aux Indes*.

Nous avons quelques livres nouveaux qui traitent d'objets utiles. De ce nombre est un ouvrage de M. de Chabrit sur la législation française, dont il ne paraît encore que le premier volume. On y trouve des connaissances, de la méthode et un bon esprit. Le style en est inégal et quelquefois incorrect ; mais sans diffusion ni déclamation. Il n'a encore traité que les loix Romaines et Bourguignones : sa tâche deviendra plus difficile, à mesure qu'il se rapprochera de notre temps. Il faut avoir le courage de dire la vérité ; et de plus, il faut en obtenir la permission, et ni l'un ni l'autre n'est aisé.

Un livre d'une utilité plus immédiate et plus prochaine, s'il était meilleur, c'est celui de M. Philipon sur l'*Education des Collèges*. Ses intentions peuvent être bonnes ; mais il y a dans son plan abus de philosophie, et dans son style abus de rhétorique. Cela ressemble trop à ces mille et un systêmes où l'auteur trouve mauvais tout ce qu'on a fait, et beau tout ce qu'il veut qu'on fasse. Je n'aime point d'ailleurs qu'on affecte tant de mépris pour les études qu'on a faites, où sans doute il peut y avoir à réformer, mais auxquelles l'on doit à coup sûr tout ce que l'on sait. C'est, comme dit le peuple, battre sa nourrice : rien n'est plus commun aujourd'hui, et je vois là plus d'ingratitude que de lumières. Celles de M. Philipon sont assurément fort au-dessous de son sujet, et les fautes trop fréquentes dans son livre, prouvent qu'il est loin d'être même un bon humaniste.

N..

M. de Gastines, auteur d'un livre qui a pour titre, l'*Ile inconnue*, s'est proposé d'y placer dans un cadre romanesque le tableau de la formation des sociétés, et les fondemens de la législation politique et religieuse. Les aventures qu'il décrit sont attachantes ; ses principes ne sont pas mauvais; et son style, quoique négligé, est naturel et facile.

M. de Secondat a publié un ouvrage posthume de son père, l'immortel Montesquieu; c'est un roman qui a pour titre, *Arzace et Isménie*. Les événemens sont plus étranges qu'intéressans ; le style rappelle quelquefois l'auteur des *Lettres Persanes*; mais il est le plus souvent pénible et entortillé, et l'ouvrage en total n'est pas digne de son auteur.

M. Gudin, dans une brochure qui ne se vend pas publiquement, a vengé Voltaire des injures que lui a prodiguées l'abbé de Mably. Cette réponse prouve beaucoup de connaissance de l'histoire, beaucoup de hardiesse dans l'esprit, et le style de M. Gudin est beaucoup meilleur en prose qu'en vers. Il met au grand jour la mauvaise humeur et la mauvaise foi de l'abbé de Mably, ses erreurs nombreuses, et sur-tout la partialité révoltante qui lui a fait dénigrer tous les meilleurs écrivains français et étrangers, uniquement parce qu'il est importuné de leur réputation.

Dans un moment où le succès des expériences aérostatiques a fait croire tout possible, un particulier s'est diverti de la crédulité publique, et a fait imprimer qu'il passerait la Seine à pied sec, en présence de tout Paris, sur des sabots élastiques : sa lettre était datée de Lyon, et il demandait deux cents louis pour son voyage. On a ouvert une souscription ; Versailles a donné l'exemple, et la somme allait être remplie. La ville avait déja ordonné de construire un emplacement pour les spectateurs, lorsque l'homme aux sabots est venu déclarer au ministre de Paris, que ce n'était qu'une plaisanterie occasionnée par une gageure qui lui faisait gagner cent louis, attendu qu'il avait parié que tout Paris serait la dupe de sa proposition. M. de Breteuil en a rendu compte au Roi qui n'a fait qu'en rire, et d'autant plus volontiers qu'il s'était toujours moqué de l'entreprise, et avait toujours refusé d'y croire. On dit que l'argent des souscriptions sera employé en œuvres de charité.

On a remis l'*Iphigénie en Tauride* de Gluck, en concurrence avec *Didon*; mais cette reprise sur laquelle les Gluckistes comptaient beaucoup, n'a pas été brillante, ni pour l'affluence du monde, ni pour les applaudissemens. Ils espèrent prendre leur revanche à la rentrée, avec un opéra nouveau de Gluck, envoyé de Vienne, et qui paraît le dernier effort de ce célèbre compositeur. Cet opéra s'appelle les *Danaïdes*, ou *Hypermnestre*; il n'est de Gluck qu'en partie, et il a été achevé par un de ses élèves nommé *Saliéri*. S'il réussit, Gluck aura tout fait : s'il ne réussit pas, l'ouvrage sera en entier de *Saliéri* : rien n'est mieux arrangé.

Marmontel a été élu secrétaire de l'académie, à la grande pluralité des suffrages. Il avait pour concurrens M.rs Bauzée et Suard : l'un n'a eu qu'une voix, l'autre en a eu six; Marmontel quinze. Il faut observer que la place de secrétaire exige une entière assiduité, parce que c'est lui qui tient la plume pour rédiger le dictionnaire. Il arrive delà qu'il y a fort peu d'académiciens à qui cette place convienne; et l'on a soin de s'assurer par avance de ceux qui sont dans ce cas, afin de savoir entre quels aspirans on doit choisir.

Le même jour, un anonyme a fait proposer à l'académie une somme de six cents livres, pour donner un prix à l'*éloge de M. d'Alembert*, qui sera annoncé dans la première séance publique. La proposition a été acceptée, et le terme du concours est fixé au 1.ᵉʳ janvier 1786. La médaille représentera la tête de M. d'Alembert, et plusieurs de ses amis se sont chargés d'en payer les frais. Le discours couronné sera lu dans la première assemblée publique qui aura lieu en 1786.

LETTRE CCI.

M. Lefranc de Pompignan vient de réunir tous ses ouvrages dans une édition de six tomes qu'on pourrait appeler posthume; car il y a plus de vingt ans qu'il est regardé comme mort. Ce n'est pourtant pas, à beaucoup près, un littérateur sans mérite, ni un écrivain sans talent. Il aurait pu reposer à son aise dans une assez bonne médiocrité, parmi les auteurs du second rang qui sont fort loin du dernier, si venant prendre place à l'académie, âgé de plus de cinquante ans, il n'eût eu l'imprudence fort extraordinaire de parler en ennemi aux gens de lettres, dans le moment où ils le recevaient chez eux. Cette faute dut paraître celle d'un amour-propre aveugle et d'une ambition fort mal entendue. Il crut que cette levée de bouclier, faite au milieu de l'académie, l'intimiderait elle-même, et que ce triomphe au Louvre lui donnerait du crédit à Versailles, dans un moment où les gens de lettres étaient fort mal avec la cour (en 1760). Il aspirait, dit-on, à être chargé de l'éducation des enfans du feu dauphin, père du roi actuel; mais il en arriva tout autrement. Voltaire qu'il avait très-clairement et très-injurieusement désigné, était l'homme du monde qui supportait le moins une offense, et qui maniait le mieux l'arme du ridicule. Cette arme devint cette fois d'autant plus terrible, que M. Lefranc fut très-mal-adroit dans ses défenses, et Voltaire très-gai dans ses attaques. Il n'a, je crois, rien fait de meilleur en ce genre, parce qu'il ne passe guères les bornes de la satyre littéraire, ce qu'il n'a pas toujours observé, il s'en faut; aussi jamais justice ne fut si complètement faite. M. Lefranc couvert d'un ridicule ineffaçable, n'osa pas se montrer une seconde fois à l'académie, et allant un jour faire sa cour à M. le dauphin, il l'entendit répéter ce vers bientôt devenu proverbe :

Et l'ami Pompignan pense être quelque chose.

Il s'est tenu depuis ce temps dans le fond de sa province, et n'est sorti de son obscurité volontaire que pour donner l'édition qui vient de paraître, et qui me fournit une occasion de rappeler en peu de mots ses différentes productions.

Il a commencé à se faire connaître (et

fort avantageusement) par sa tragédie de *Didon* qui eut beaucoup de succès, et qui est restée au théâtre. L'ouvrage n'est pas en général au-dessus du médiocre ; mais le sujet est intéressant, la conduite en est sage et le style assez pur, quoique trop souvent faible, inégal, et quelquefois froidement sentencieux : il y a des scènes bien faites et quelques beaux morceaux. Il publia depuis un *Voyage de Provence*, où l'on voit en même temps l'envie de lutter contre celui de Chapelle, et la distance infinie qu'il y a de l'un à l'autre. L'un montre le travail de l'esprit, et un travail presque toujours ingrat ; l'autre a toutes les grâces du plus heureux naturel. Il y a dans le *Voyage* de M. de Pompignan quelques endroits tout au plus agréables ; mais sa plaisanterie est froide, et sa gaîté est contrainte comme sa versification. Sa dissertation sur le *Nectar et l'Ambroisie* vaut beaucoup mieux ; elle offre des morceaux bien travaillés, et l'agrément et le goût y sont mêlés à l'érudition. Viennent ensuite les *Poésies sacrées* dont Voltaire s'est tant moqué, et qui dans le fait étaient peu lues, même avant qu'il eût défendu *d'y toucher*. Il n'en est pas moins vrai que si l'auteur a totalement échoué dans les pseaumes, il se relève assez souvent dans les *prophéties* et les *cantiques*, où il a de la verve et de la poésie. Sa traduction des Géorgiques et du sixième livre de l'Enéide, montre presque par-tout l'impuissance absolue d'approcher, même de loin, du mérite des originaux. L'extrême sécheresse, la monotonie, le prosaïsme sont les caractères habituels de son style. Dans la poésie héroïque, morale et lyrique, tous ses vers sont froidement serrés dans un même ordre, sans mouvement et sans vie ; et s'il n'a eu plus de feu que dans les *prophéties*, c'est que pour approcher continuellement de l'onction et de la majesté de l'Ecriture, il faut être Racine ou au moins Rousseau ; au lieu que sans avoir beaucoup de génie, on peut emprunter du style oriental des prophètes quelques figures hardies, quelques grands mouvemens, quelques tableaux ; et c'est ce qu'a fait Pompignan.

Parmi les *Odes* qu'il a composées d'original, la meilleure est sans comparaison celle qu'il fit sur la mort de Rousseau : il y a bien encore des strophes très-faibles, mais il y en a une parfaitement belle, et le début de l'ode est imposant. Dans ses *Épîtres* et dans ses *Discours philosophiques*, tirés de Salomon, quelques endroits ne manquent pas d'une sorte d'élégance ; mais là comme ailleurs, il manque presque toujours d'harmonie, de sentiment et d'intérêt de style. Il ne sait pas faire la phrase poétique, et son oreille ne la connaît pas.

Une chose assez singulière, c'est que dans tous ses ouvrages il ne nomme jamais Voltaire, et cherche à le désigner par-tout : quelquefois même alors la haine lui tient lieu de verve : *facit indignatio versum*. Enfin il a imaginé de faire un opéra contre lui, et c'est peut-être la première fois que la satyre est entrée dans un opéra. Voltaire y est représenté sous le nom de Prométhée, qui a enseigné les arts aux hommes, mais qui les a corrompus en leur apprenant à mépriser les dieux. Le fond de ce drame est d'ailleurs imité d'Eschyle, dont M. de Pompignan a traduit en prose les sept tragédies qui nous restent. Cette version est assez élégante, mais pas assez conforme à l'original, comme on l'a pu voir par celle que M. Dutheil a faite des *Coéphores*, la meilleure pièce d'Eschyle : le dernier traducteur a beaucoup mieux saisi la manière du poëte grec.

M. de Pompignan, outre son *Prométhée-Voltaire*, a fait cinq ou six opéras d'une mortelle froideur, et qu'il est difficile de lire. A tout prendre, on pourrait réduire à un volume ce que cet auteur a fait d'estimable, et dans ce volume même, peu de choses s'élèveraient au-dessus du médiocre; mais aussi ne faut-il pas prendre à la lettre ce qu'a dit Boileau, *qu'il n'est point de degrés du médiocre au pire* : c'est une hyperbole de poëte satyrique.

M. Lefranc avait fait aussi autrefois une *Zoraïde*, et quelques autres tragédies qui n'ont jamais été jouées; mais il ne les a point mises dans son recueil, soit qu'il les ait condamnées lui-même, soit qu'il ne veuille pas qu'elles paraissent avant sa mort.

LETTRE CCII.

Je ne confondrai point dans la foule de nos brochures les *Réflexions sur les Confessions de J. J. Rousseau*, par M. Servan, ancien avocat général du parlement de Grenoble. C'est un morceau plein d'esprit et de raison ; l'auteur pense et s'exprime avec énergie ; ses raisonnemens sont frappans d'évidence, et ses expressions souvent heureuses. Il démontre éloquemment que des écrits tels que les *Confessions* sont de véritables attentats contre les droits de la société et l'honneur des citoyens. On ne peut lui reprocher qu'une vingtaine de phrases, à la vérité de bien mauvais goût, et qui se sentent de cet abus des figures qu'il a quelquefois porté à l'excès dans d'autres productions, où l'on dirait que la province a gâté son style, si la capitale n'était pas elle-même gangrenée de cette manie contagieuse. Voici, par exemple, une phrase de M. Servan : *Le mystère est à la malignité ce que la gaîne est au couteau ; elle en conserve la pointe.* Est-il possible qu'un homme d'esprit et de sens tombe dans un tel ridicule ?

L'opéra de *Chimène* a eu du succès. Le sujet est celui du *Cid*, et M. Guillard, auteur des paroles, était très-digne de mutiler Corneille, comme d'autres ont mutilé Racine; mais la musique est de Sacchini, et a paru digne de son auteur, l'un des plus grands maîtres dans son art. La *Caravane* de Grétri placée entre *Didon* et *Chimène* fait une assez pauvre figure; mais quand on veut être partout, il est difficile d'être toujours bien. Au reste, il est fort protégé de la cour, et démesurément exalté dans le Mercure par mon confrère S***, le premier des Gluckistes du monde, qui trouvant cent défauts pour un dans *Didon*, n'en a pas vu un *seul* dans la *Caravane*. C'est ce qui a donné lieu à cette chanson épigrammatique.

> Amis., vive *la Caravane* !
> Lisez l'article de S**.
> Nargue à *Didon* : vive *la Caravane* !
> *Atys* est l'opprobre de l'art.
> Fi de Renaud ! vive *la Caravane* !
> Oreilles à S** pourtant ne manquent pas,
> Mais oreilles qu'avait le palefroy de Jeanne,
> Et que l'on vit, en pareil cas,
> Orner la tête de Midas.
> Pour ces oreilles-là, vive *la Caravane* !

Il court encore deux autres épigrammes;

l'une est d'un homme à qui l'on a interdit l'Opéra pour avoir sifflé *la Caravane*; l'autre dont j'ignore l'auteur, est contre M.rs S**, Morel et Pitra, et n'est qu'une imitation d'une épigramme de Voltaire, qui lui-même avait imité une épigramme de Marot : c'est un cadre qui a servi plus d'une fois.

LE TRIUMVIRAT.

On proclame à *Vaugirard* *,
Pitra, Morel et S** :
Le *Mercure* élève au ciel
Pitra, S** et Morel :
Mais l'on berne à l'Opéra,
S**, Morel et Pitra.

REQUÊTE DE M. MAUGÉ,

A Monseigneur MOREL.

Depuis trois jours on me condamne
A fuir les lyriques lambris,
Pour avoir avec tout Paris
Médit de votre Caravane.
Ah ! monseigneur Morel, merci ;
Pardonnez-moi, je vous en prie,
Et plus que vous toute la vie
Je médirai de Piccini,
Et vous tiendrai pour un génie.

Assurément il n'y en a pas dans sa *requête*

---

* Allusion aux Lettres d'un *Anonyme de Vaugirard*.

Il n'y a qu'à lire l'article du journal de Paris, où l'éditeur de l'*Almanach des Muses* rend compte lui-même de son almanach et des pièces qu'il contient, et on sera persuadé que nous avons une peuplade de poëtes, tous gens du plus grand mérite. C'est dommage que leurs noms ne soient pas très-connus, car la liste est longue et ferait honneur à la France. Ce sont M.rs Aude, Barruel, Bérenger, Blin, Cambri, Choisi, Cuinet, Dourneau, Duhamel, Drobecq, Goulard, Guyetand, Maison-Neuve, James, Lalouptière, Mérard de Saint-Just, Millin de la Brosse, Lamontagne, Nogent, Mugnerot, Pons de Verdun, Pothier de Bièle, Roman, Rosières, Royou, Silva, Saint-Péravi, Schosne, etc.

Longuette fut la triste litanié,

comme dit Voltaire ; mais on aime à faire valoir ses richesses, sur-tout aux yeux des étrangers, et je suis bien hors d'intérêt ; car je ne connais pas un seul de tous ces *poëtes-là*, si ce n'est par l'*Almanach des Muses*.

Mais en récompense M. S** les connaît beaucoup, et leur distribue à tous leur mesure d'encens. Il leur assigne leur place dans son almanach qu'il regarde, mais de la meilleure foi du monde, comme le *Parnasse français*, et il juge des *progrès* et de la *gloire* de notre poésie par le plus ou moins de pièces qu'il nous donne tous les ans dans cet important recueil. Que voulez-vous ? son almanach est sans marchandise, et le journal de Paris en est l'enseigne faite pour achalander la boutique, où tout est excellent, comme de raison, et à juste prix. Il faut convenir que la littérature (car c'est ainsi que cela s'appelle) a beaucoup gagné du côté des spéculations mercantiles, et dans ce genre, le siècle passé ne peut pas soutenir la comparaison avec le nôtre.

Dans cette collection de frivolités insipides et de rimailles monotones, deux pièces du chevalier de Parny se font aisément remarquer par la délicatesse de son style et la pureté de son goût. Mais nos journalistes exaltent bien autrement une pièce qu'on nous donne pour le coup-d'essai d'un jeune homme nommé G***, qui donne, (dit-on) *les plus grandes espérances*, d'autant plus que c'est un protégé de M. de Champfort. Ce *coup-d'essai* qu'on prône comme un coup *de maître*, n'est autre chose qu'un long persifflage en forme de galanterie, où trois ou quatre idées sont délayées dans trois cents vers d'une délicatesse imperceptible, et de la gaîté la plus pincée, et sur le plus mince des sujets. On n'a jamais parfilé des riens avec plus de soin et de prétention. Je ne sais quel est ce jeune débutant, mais ce doit être une des têtes les plus vides et un des esprits les plus froids qui aient pu se former à l'école de Voiture et de Dorat.

O..

LETTRE CCIII.

1784.

La séance publique du vingt-six février pour la réception de M.rs de Choiseul-Gouffier et Bailly, a été brillante, soit par l'affluence du monde, soit par le succès de tout ce qu'on a lu. D'autres circonstances pouvaient encore la rendre piquante pour le public. C'était M. de Condorcet qui recevait M. Bailly dont il est l'ennemi personnel, et dont il avait été le concurrent à l'avant-dernière élection. Aussi n'a-t-on pas manqué de saisir avidement une espèce de persifflage fort poli, par lequel il fait entendre au récipiendaire qu'il ne regarde son hypothèse d'un peuple hyperboréen, fondateur des arts et des sciences, que comme un roman ingénieux. Au reste, le discours de M. Bailly a eu beaucoup de succès à la lecture publique et dans le monde. On y a trouvé de l'esprit, de la grâce, et une manière fort adroite de faire valoir le mérite de M. de Tressan son prédécesseur. Je préfère pourtant le discours de M. de Choiseul-Gouffier, qui avait, il est vrai, un sujet plus heureux et plus étendu, l'éloge de d'Alembert : il l'a traité d'un style noble et intéressant.

Les deux réponses de M. de Condorcet sont en général d'un ton convenable; mais on y remarque, comme dans d'autres écrits du même auteur, beaucoup de sécheresse, et des endroits d'une métaphysique abstraite qu'il n'est pas aisé d'entendre. La séance a fini par des fragmens d'un poëme sur l'*Imagination* qu'a lus l'abbé de Lille, et qui ont été très-applaudis, comme ils méritaient de l'être. Ils sont pleins de verve, de mouvemens heureux, de beaux vers ; cependant on y a trouvé beaucoup à desirer. Les portraits de Virgile et du Tasse ne sont point du tout finis; il loue beaucoup trop Milton et sur-tout le Dante, qui ne devait pas se trouver à côté d'Homère; mais le portrait d'Homère et celui d'Ovide, et sur-tout celui de l'Arioste, ont paru achevés. Malgré toute la rapidité et toute la séduction de son débit, les oreilles exercées ont senti de la négligence dans bien des endroits; mais sans doute il les retouchera.

On a donné le deux mars, au profit des pauvres, la première représentation de ma-

tragédie de *Coriolan*. Soit que cette circonstance ait disposé le public à l'indulgence, soit que Larive qui n'a peut-être jamais si bien joué, ait fait valoir l'ouvrage, il a été applaudi d'un bout à l'autre, sans aucune apparence de contradiction, ce qui n'arrive guères quand l'auteur a des ennemis connus, et les miens ne s'en cachent pas. J'ai même été obligé de paraître après la pièce sur le théâtre, ce que je n'avais jamais voulu faire depuis le *Comte de Warwick;* mais les comédiens m'ont représenté que ce jour-là le public était trop en force pour qu'on lui refusât rien, (la recette est montée à dix mille quatre cents livres) qu'on me demandait depuis une demi-heure, et qu'on ne les laisserait pas commencer la petite pièce. J'ai cédé à leurs instances, quoique j'aie toujours pensé, malgré l'exemple de M. Ducis et de plusieurs de mes confrères, qu'il n'était pas convenable qu'un auteur parût sur le théâtre, si ce n'est à un premier ouvrage, quand le public semble adopter sa jeunesse, et lui donner, pour ainsi dire la robe virile.

Quoique rien ne soit plus commun depuis quelques années, que de voir des pièces tombées le premier jour se relever ensuite pendant quelques représentations, pour être bientôt oubliées à jamais, cependant nous venons de voir dans le *Jaloux* de M. Rochon un exemple de cette espèce de résurrection momentanée, dont les circonstances ont paru extraordinaires. La pièce fut d'abord si mal reçue, qu'au troisième acte Molé fut obligé de demander au public s'il fallait continuer ou baisser la toile. Après un moment de silence, quelques amis de l'auteur crièrent, continuez, et furent suivis : la pièce n'alla guères mieux. L'auteur écrivit le lendemain dans le journal de Paris une lettre en forme de supplique, où il priait le public de vouloir bien l'entendre encore une fois, avec les changemens qu'il avait faits, et cette démarche lui a réussi auprès du public qui aime assez qu'on lui demande grâce. Le *Jaloux*, à la seconde représentation, soutenu par deux cents billets d'auteur, a été fort applaudi, et le jeu de Molé n'a pas peu contribué à inspirer l'indulgence. Depuis ce temps cette comédie a eu plusieurs représentations médiocrement suivies ; mais enfin elle se soutient, et l'auteur a bien fait, comme on voit, de ne pas perdre courage. Il est vrai que pour avoir de pareilles ressources, il faut être d'une médiocrité assez rassurante pour n'avoir pas un seul ennemi.

Le *Jaloux* est un sujet très difficile à traiter : il est entre deux écueils : si la jalousie est fondée, elle ne paraît plus un travers, et l'effet comique est manqué ; si elle ne l'est pas, elle paraît une sorte de folie, et passe le but. Aussi Molière qui a fait cinq ou six scènes de jalousie qui sont autant de chefs-d'œuvre, s'est bien gardé d'en faire le fond d'un ouvrage, et cela s'appelle voir en maître. (Je ne parle pas du *Prince jaloux*, qui tomba, et qui prouve encore ce que j'avance.) Nous avons un *Jaloux désabusé*, de Campistron, assez bien intrigué, mais un peu faible de comique et de style ; on le joue quelquefois. Celui de M. Rochon est un fort mauvais ouvrage ; toute l'intrigue est fondée sur le déguisement d'une femme habillée en homme, ressort usé et trivial qu'il n'est plus permis d'employer. Point d'action, point d'intérêt, point de vérité, quelques détails agréables, beaucoup de mauvais goût.

M. Vatelet vient d'imprimer un recueil d'opuscules fort médiocres, plus faits pour la société que pour le public. Ce sont cinq ou six pièces, tant comédies qu'opéras, dont aucune n'a été jouée; et une espèce de poëme en prose, tiré de l'*Amynte* du Tasse. Ce qu'il y a de plus passable, est une *Zénéide*, sur laquelle Cahuzac avait fait la sienne que l'on joue encore. Il n'a guères fait qu'exécuter en vers le plan de M. Vatelet qui a écrit en prose. C'est une féerie dans le goût de l'*Oracle*, mais moins jolie, et en général ce genre de féerie que les maîtres n'ont jamais traité, est très-subalterne, et plus convenable dans un conte que sur un théâtre soumis aux règles de la vraisemblance.

La mort de l'évêque de Limoges laisse une place vacante à l'académie française, et je ne crois pas qu'il y ait jamais eu un plus grand nombre de concurrens. C'est la mode du jour, et tout le monde veut être de l'académie, depuis les premiers seigneurs de la cour jusqu'au dernier barbouilleur du bas Parnasse. On nomme parmi les candidats, M. le marquis de Montesquiou, M. le comte d'Albon, M.rs Laugeon, Sedaine, Leblanc, le marquis de Ximenès, l'abbé Maury, M. Cailhava, etc. Comme dans ce moment-ci aucun homme de lettres n'est appelé par la voix publique à l'académie, je crois que son choix pourra tomber sur M. de Montesquiou, homme d'esprit et de goût, qui fait d'assez jolis ouvrages de société. Quand les faiseurs ne sont pas encore mûrs pour nous, il est juste de choisir parmi les amateurs, et celui-là mérite d'être distingué. A propos d'amateurs, le chevalier de Boufflers serait fort académique ; mais il dit qu'il est trop vieux pour être au rang des candidats, et ne veut pas se présenter.

L'académie a distribué ses deux prix annuels, l'un destiné à l'ouvrage le plus utile, l'autre à l'encouragement d'un homme de lettres. Le premier a été adjugé à M. Berquin, auteur de l'*Ami des Enfans*, ouvrage qui se continue avec succès : le second à M. de Chabrit, auteur d'un ouvrage sur la *Législation française*, dont il n'a paru encore que le premier volume. Un livre sur l'*Education du Peuple* a disputé le premier de ces deux prix, et il ne s'en est fallu que d'une voix qu'il ne l'ait partagé : il n'a pas eu la mienne.

LETTRE CCIV.

La clôture du théâtre a interrompu les représentations de *Coriolan*, qui ont été très-suivies et très-applaudies jusqu'à la septième : la huitième est annoncée pour la semaine de rentrée.

Il paraît deux ouvrages d'un genre bien différent, et qui ont fait quelque sensation, sur-tout le dernier, *Télèphe* et *Cécilia*. *Télèphe* est une espèce de poëme en prose, (si l'on peut se servir de ce terme abusif qu'on a voulu mettre à la mode;) il est en douze livres, et il paraît que l'auteur en a voulu faire un ouvrage dans le genre du *Télémaque*. Mais quoiqu'on ne puisse lui refuser de l'esprit et même du talent pour écrire, qu'il est loin du bon goût et du vrai génie dont le siècle de Louis XIV nous a laissé les modèles ! Ce qu'il y a de plus louable dans l'ouvrage, c'est qu'il respire la haine de l'injustice et de l'oppression ; mais l'auteur manque souvent son but, faute de mesure dans ses idées et dans son style. Il semble, comme Rousseau, faire un crime de la propriété, sans laquelle cependant toute société est impossible. Il ne veut pas que les enfans succèdent à la fortune de leurs pères, comme si cette succession n'était pas de droit naturel, et comme si les pères eux-mêmes ne travaillaient pas pour leurs enfans ! C'est un vrai délire d'imaginer qu'il faille détruire les loix primitives, parce que l'observation de ces loix entraîne des abus inévitables. C'est à-peu-près comme si on défendait la reproduction de l'espèce, parce qu'une maladie cruelle en corrompt souvent les sources, ou parce que la débauche en a abusé.

Son style n'est pas plus sain que sa philosophie, et sa manière d'inventer n'est pas heureuse. Il y a quelques morceaux d'une éloquence noble, et quelques momens d'intérêt; mais en général nul art dans la disposition et la préparation des événemens, point de nœud qui attache, des faits sans vraisemblance, des tableaux gigantesques, des ressorts forcés, des principes outrés, une nature fausse, une diction abstraite, tendue, enflée et déclamatoire, de la sécheresse et de la monotonie ; voilà les caractères dominans de cet ouvrage qu'on n'est pas tenté de relire.

L'auteur, M. Pémeja, était déja connu des gens de lettres par un éloge de Colbert envoyé à l'académie française, et qui mérita une mention honorable, et sur-tout par quelques morceaux hardis, insérés dans le livre de l'abbé Raynal *sur le commerce des deux Indes*.

Cécilia est un roman traduit de l'anglais, en quatre volumes. L'auteur, Mlle Burnet, est une jeune personne très-intéressante, non-seulement par ses talens précoces et distingués, mais sur-tout par le motif qu'elle a eu pour les développer. Son père, docteur dans l'Université d'Oxford, ne pouvant plus s'occuper d'études sérieuses, que l'affaiblissement de sa santé ne lui permettait pas, s'était mis à lire des romans, et cette lecture était sa seule occupation et son unique plaisir. Il eut bientôt épuisé tout ce qui dans ce genre mérite d'être lu : alors sa fille voyant que cette ressource lui manquait, entreprit d'y suppléer par elle-même. Elle donna d'abord *Evelina,* roman qui eut du succès, et ensuite *Cécilia,* ouvrage fort supérieur au premier. On voit qu'elle a pris Richardson pour son modèle dans la peinture des mœurs et des caractères, dans les longs détails et les longues conversations. Elle ne s'élève pas, il est vrai, jusqu'aux grandes beautés des principales scènes de Clarisse; mais elle se rapproche souvent de Richardson par la vérité des peintures. Son roman, sans avoir l'extrême intérêt et les effets profonds des dernières parties de Clarisse, est en général attachant, sur-tout dans les deux derniers volumes. Les résultats moraux des événemens qu'elle trace, prouvent un excellent esprit et une connaissance du monde, bien rare à l'âge de l'auteur; elle n'a que vingt-trois ans. On peut lui reprocher de l'uniformité dans les moyens : ce sont toujours des incidens bizarres et fortuits qui peuvent arriver ou ne pas arriver, et qui produisent des méprises et des mal-entendus. Ce n'est pas là, je l'avoue, la meilleure manière d'inventer; mais cela n'empêche pas qu'il n'y ait de l'art et de l'intérêt dans l'ensemble; elle a d'ailleurs le mérite de bien peindre des caractères vrais et des originaux vraiment anglais. La traduction est négligée et incorrecte, et si l'ouvrage se fait lire avec plaisir, c'est malgré les fautes du traducteur.

LETTRE CCV.

La clôture des spectacles laisse ici un vide que rien ne remplit. Le goût que l'on a pour les brochures satyriques et licencieuses, surtout quand elles sont prohibées, a fait rechercher un moment un petit roman qu'on attribue à M. de L**, intitulé le *Vicomte de Barjac*. C'est l'ouvrage d'un homme qui n'est pas sans esprit, mais qui est bien sans goût et sans principes, et qui a vécu en mauvaise compagnie. Il a voulu faire un livre, moitié de ce qu'il a vu, moitié de ce qu'il a pu imaginer. Ce qu'il a vu est très-commun; ce sont des aventures de filles; ce qu'il a imaginé est très-extraordinaire; c'est un tas d'absurdités. Pour rendre le tout plus piquant, l'auteur s'est permis d'y nommer ou d'y désigner clairement beaucoup de personnages très-connus, des ministres, des gens de la cour, des gens de lettres, etc. C'est un abus aujourd'hui fort en vogue, et la ressource de ceux qui ne pouvant exciter l'intérêt, flattent au moins la malignité. On doit bien s'attendre que les jugemens sont curieux : on y dit de M. Francklin, que c'est un *très-pauvre homme d'Etat, un médiocre physicien, un radoteur*. Cet échantillon suffit pour donner une idée du reste.

M. de Marnésia vient de publier quelques opuscules de son ami M. Cerutti, qu'on lit avec plaisir. Ils sont composés de trois morceaux : 1.º la traduction d'une épitaphe grecque trouvée sur une pierre sépulcrale, dans une fouille faite à Naples en 1756. L'épitaphe n'est que de six vers ; mais elle est accompagnée d'une dissertation sur les monumens antiques, dans laquelle l'auteur a semé beaucoup d'idées sur des objets de littérature et de goût, dont cette épitaphe semble n'avoir été que l'occasion ou le prétexte. Il est difficile de faire un ouvrage, et très-aisé de faire des fragmens ; et M. Cerutti qui ne dissimule pas lui-même combien ses notes sont souvent loin du sujet, est à peu-près en écrivant, comme Diderot dans la conversation : il ne lui faut qu'un texte quelconque pour parler de tout, n'importe comment ni pourquoi.

2.º Des vers sur le charlatanisme qui avaient déjà couru manuscrits : la pièce est ici fort augmentée et n'y gagne pas. On sent que l'auteur passe toute mesure, et qu'avec sa méthode on pourrait, sous prétexte que le charlatanisme se mêle de tout, faire un résumé d'histoire universelle : c'est l'abus des lieux communs qui caractérise l'homme qui n'est que rhéteur.

3.º Un poëme sur les échecs, écrit avec une grande facilité, et qui, vu la nature du sujet si éloigné de la poésie, paraît une espèce de tour de force ; et en effet c'est un défi de société.

Tous ces morceaux sont d'une plume ingénieuse et facile, dont le progrès est au-delà de ce qu'on pouvait attendre de ses premières productions, mais qui n'est pas encore réglée par le goût, et qui ne sait ni choisir ni s'arrêter, deux choses qui n'appartiennent qu'au vrai talent. Ce qu'il y a de mieux, sans contredit, se trouve dans les notes sur l'épitaphe grecque, qui sont la plupart bien pensées et bien écrites ; et quoiqu'il y ait encore des idées fausses et des inégalités de style, quoique l'auteur affecte trop souvent de procéder par la définition et l'analyse, même sur les objets qui n'en sont pas susceptibles, cependant il n'y a nulle comparaison entre cette nouvelle brochure et la pièce de l'*Aigle et du Hibou* du même auteur, qui parut l'année dernière.

Il y a dans le poëme sur les échecs un vers heureux sur les pions :

> Ils frappent de côté, mais ils marchent de front.

Mais la pièce finit par un long épisode qui prouve encore combien l'auteur est éloigné de connaître la manière d'écrire en vers, et ce qu'on appelle la phrase poétique. Il y a trente vers de suite jetés dans le même moule, et qui ont absolument la même construction.

> Tandis que je *chantais* un fantôme de guerre,
> Le *véritable* Mars *ensanglantait* la terre, etc.

et l'auteur part de là pour faire un tableau politique et littéraire de l'Europe, avec un imparfait presque à chaque vers. Il est sûr qu'à propos des échecs, cette longue imitation des dix ou douze derniers vers des *Géorgiques*, est de toute manière une composition d'écolier.

LETTRE CCVI.

ENFIN Beaumarchais qui vient à bout de tout, parce qu'il est doué de persévérance, après deux ans d'obstacles et de difficultés, a fait jouer le *Mariage de Figaro*, autrement dit la *Folle Journée;* car la pièce réunit ces deux titres, et le second sur-tout est parfaitement rempli. Pour se faire une idée de l'affluence sans exemple que cet ouvrage a dû attirer, il suffit de se rappeler combien et comment Beaumarchais occupe le public depuis si long-temps, et quelle curiosité on avait de connaître un ouvrage de cet auteur, et un ouvrage d'une espèce si singulière que depuis deux ans il est l'objet de l'attention de toutes les puissances de ce pays-ci. Trois cents personnes ont dîné à la comédie dans les loges des acteurs, pour être plus sûres d'avoir des places, et à l'ouverture des bureaux la presse a été si grande que trois personnes ont été étouffées. C'est une de plus que pour Scudéry, qui, comme on sait, eut deux portiers de tués à la première représentation de l'*Amour tyrannique*.

P.

La première du *Mariage de Figaro* a été fort tumultueuse, comme on peut se l'imaginer, et si extraordinairement longue qu'on n'est sorti du spectacle qu'à dix heures, quoiqu'il n'y eût pas de petite pièce ; car la comédie de Beaumarchais remplit le spectacle entier, ce qui est même une sorte de nouveauté de plus. En général la pièce a été trouvée beaucoup trop longue, aussi l'a-t-il abrégée ; elle ne dure plus que trois heures. Beaucoup de détails ont paru de mauvais goût et ont excité des murmures. Il a cédé sur une partie, et tenu bon sur le reste : en total l'ouvrage a réussi et a fait plaisir. C'est absolument ce qu'on appelle un *imbroglio*, un canevas de l'ancien théâtre, soit italien, soit espagnol, un pot-pourri où il y a de tout, hors de la vraisemblance, de la raison et de la décence. Il amuse et fait rire ; en voilà assez pour lui pardonner tout ; car enfin la gaieté est une bonne chose, et nous en avons tellement besoin qu'il ne faut pas s'y rendre difficile. Les deux premiers actes ont quelque chose de plus : il y a de l'intérêt et même de la grâce, et quoique cet intérêt et cette grâce ne tiennent vraiment qu'à un coloris d'innocence jeté sur des tableaux de mauvaises mœurs, cependant ces tableaux supposent de l'art tout en blessant la morale et la décence, et ces deux actes sont très-supérieurs aux derniers. Mais il ne faut pas en examiner les ressorts, non plus que dans tout le reste; car rien ne peut soutenir l'examen. C'est un homme qui vous dit : passez-moi les moyens que j'emploie, et vous serez contens des effets; et souvent il tient parole. Ce n'est pas que même dans l'exécution il n'y ait beaucoup de défauts, des personnages inutiles, de mauvais calembourgs, des lieux communs amenés d'une lieue, une reconnaissance dégoûtante au troisième acte, des scènes hors d'œuvre; mais la gaieté fait tout passer, et il y en a par-tout.

Un des morceaux les plus applaudis, c'est un monologue de Figaro au cinquième acte, qui est évidemment un placage inexcusable. Il attend sa fiancée qu'il croit en rendez-vous nocturne dans le jardin avec le comte Almaviva; il est dans les convulsions de la jalousie, et c'est dans ce moment qu'il s'assied sur un banc, pour faire un résumé historique de toutes les aventures de sa vie depuis sa naissance, résumé dont le débit dure près d'un quart-d'heure, et qui est écrit comme une narration réfléchie et travaillée. On sent combien cela est postiche et hors de place ; mais aussi c'est là où se trouvent les traits de satyre les plus forts contre tous les états, contre tous les pouvoirs, des traits d'une telle hardiesse qu'on ne revenait pas d'étonnement de les entendre sur la scène, le seul endroit peut-être où on ne les eût pas encore entendus, ce qui rendait encore plus singulière la permission de parler sur le théâtre aussi librement que dans la société. Le morceau, par exemple, qui regarde la censure des livres, est d'une telle vérité, que pour avoir consenti à recevoir cette leçon sur le théâtre, il faut que le gouvernement n'ait plus d'autre principe que celui de Mazarin : *Laissons-les dire, pourvu qu'ils nous laissent faire.*

Il est facile de concevoir les jouissances et la joie d'un public charmé de s'amuser aux dépens de l'autorité, qui consent elle-même à être bernée sur les planches. On n'examine pas alors si c'est là le moment où Figaro peut dire tout cela : il suffit que ce soit de ces choses qui paraissent toujours bonnes à dire, n'importe quand et comment.

La pièce d'ailleurs est très-bien jouée : ce

n'est pas que Dazincourt qui joue Figaro ne soit un acteur médiocre; mais comme il joue d'original, il échappe à la comparaison qui serait dangereuse, si l'on eût vu Préville dans le même rôle. Préville, trop vieux pour apprendre un rôle si long, a pris celui de Bridoison, juge imbécille et important, comme il n'y en a que trop, et il met plus de comique dans ce petit rôle de quelques mots que Dazincourt dans toute l'étendue du sien. M.lle Contat joue parfaitement Suzanne, la fiancée de Figaro, et M.lle Saint-Val, dans la comtesse Almaviva, a fait voir un talent pour la comédie qu'on ne lui soupçonnait pas, et qui la rend encore plus chère au public. Les comédiens, pour appaiser la grosse faim, ont donné la pièce trois fois en quatre jours, toujours avec même affluence : il n'y a point eu encore de chambrée au-dessous de cinq mille francs. Je n'ai pas jugé à propos de lutter contre ce torrent, et j'ai fort sagement, je crois, retiré *Coriolan* après la douzième représentation.

Plus le *Mariage de Figaro* a de succès et plus on en dit de mal : c'est la règle ; et d'ailleurs Beaumarchais a trop d'ennémis, pour esquiver les épigrammes. Il en a couru une qu'on a répandue dans la salle, à la quatrième représentation, et qui n'a produit d'autre effet que de faire applaudir la pièce davantage. Cette épigramme est très-virulente et très-médiocre. Beaumarchais l'a envoyée lui-même au journal de Paris, mais avec une lettre qui valait encore moins. On attend l'impression de sa pièce qui sûrement perdra beaucoup; car le mérite de son dialogue consiste principalement en jeux de théâtre.

M. Court de Gébelin est mort chez Mesmer. Il y a quelques mois qu'il avait imprimé une lettre qui contenait le plus grand éloge du magnétisme animal, et de la doctrine de Mesmer, à qui M. de Gébelin se reconnaissait redevable de *sa guérison*. On n'avait pas encore débité tous les exemplaires de cette lettre, quand M. de Gébelin est mort de cette même maladie dont il était si bien *guéri*. Cette petite disgrâce fait quelque tort au magnétisme, qui fait dans Paris et dans la France presque autant de bruit que *Figaro*; mais cela n'empêche pas que Mesmer ne gagne un million avec sa *médecine occulte*. Il a pour lui la mode et la curiosité, deux grands mobiles de succès. Quand il a vu que Deslon son élève, devenu transfuge, avait établi chez lui un baquet magnétique, il a offert d'enseigner le secret de sa doctrine à quiconque voudrait donner cent louis pour ses leçons. Le premier cours qui a duré trois mois, était composé de cent personnes, et le second qui est commencé, l'est de soixante-quatre, parmi lesquelles se trouvent des personnes très-qualifiées, M.rs de Ségur, de Châtellux, Puységur, etc. Joignez à ces sommes les traitemens nombreux de ses malades à six louis par mois : il en résulte que si Mesmer n'a pas trouvé une *médecine* nouvelle, il a trouvé du moins la pierre philosophale. Au reste, on a nommé des commissaires pour examiner sa doctrine, ce qui est tout ce qu'on peut faire de mieux, et ce qui pourtant n'est pas une raison pour mettre tout le monde d'accord : *qui vult decipi decipiatur.*

LETTRE CCVII.

L'opéra des *Danaïdes* que l'on vient de donner, n'est autre chose que le sujet déja traité plusieurs fois sous le nom d'*Hypermnestre*. On convient que de tous ceux qu'a fournis la fable, il n'y en a pas de plus absurde. Il est presque impossible dans l'ordre physique d'avoir à-la-fois cinquante filles nubiles et cinquante neveux pour gendres; il ne l'est pas moins dans l'ordre moral que de jeunes épouses égorgent leurs maris la première nuit de leurs noces. Qu'il se trouve un monstre de cette espèce, à la bonne heure; mais quarante-neuf! Il faut avouer que c'est un conte à reléguer dans la bibliothèque bleue avec les histoires d'ogres. Aussi ceux qui ont traité ce sujet, Gombaud, Riuperous et M. Le Mière, le seul dont l'ouvrage soit resté, ont pris soin du moins de cacher, autant qu'il était possible, ce tableau d'horreurs dégoûtantes et incroyables, et n'ont fixé les yeux des spectateurs que sur *Hypermnestre et Lyncée*, dont la situation est intéressante et tragique. Mais le baron de Tshoudi, auteur des *Danaïdes*, mort avant la représentation de son ouvrage, s'y est pris tout autrement. Il a montré sans cesse sur la scène cette multitude de furies dans toute leur horreur; on les voit autour de leur père faire le serment d'égorger leurs époux, avec une rage égale à la sienne ; on les voit ensuite, suivant l'ordre qu'elles reçoivent de lui, danser avec eux et leur faire toutes sortes de caresses et d'agaceries, ayant sous leurs robes les poignards dont elles doivent les frapper, et qu'elles ont soin de montrer aux spectateurs ; on les voit après le meurtre commis, revenir sur la scène en robes de nuit, le poignard sanglant à la main, danser une bacchanale ; et ce spectacle de Cannibales, cette fête d'anthropophages, tout cet amas d'atrocités froides qui soulève le cœur sans l'émouvoir un moment ni de pitié ni de terreur, a été supporté sur le théâtre où l'on joue *Armide*, *Atys* et *Didon* ! Il ne faut pas s'en étonner ; quand une fois l'on a passé les bornes naturelles que le goût et le bon sens ont prescrites pour tous les arts d'imitation, il n'y a pas de raison pour s'arrêter. Chacun est le maître de prendre ses plus bizarres fantaisies pour de belles inventions, et les progrès de l'extravagance pour les *pas du génie*. Il faut s'attendre au premier jour à voir manger sur la scène de petits enfans tout cruds. Nous avons déja vu Médée égorger les siens, quoique Horace eût dit chez un peuple qui avait un spectacle de gladiateurs,

Nec pueros coram populo Medea trucidet.

Cela n'a pas empêché qu'à la dernière reprise du ballet-pantomime de Médée, on n'ait cru le perfectionner beaucoup en faisant tuer sur le théâtre les enfans que l'on tuait auparavant derrière la scène; et M.lle Heinel donnait avec beaucoup de dextérité un coup de poignard à droite et à gauche, ce qui faisait le plus bel effet du monde.

Le style est digne du plan; il est dur, plat, barbare et ridicule.

Si l'un de nous osait violer sa promesse,
 Ciel! désigne-le par tes coups.
 Que ta foudre vengeresse
 Le sépare d'entre nous.

A l'égard de la musique, il est arrivé ce que j'avais prédit. On a bravement mis sur l'affiche, *par M.rs Gluck et Saliéri;* mais quand on a vu que malgré tous les efforts de la cabale, il n'y avait pas moyen de faire réussir un récitatif aigre, monotone et criard, un opéra dénué de chant, si l'on excepte quelques airs de ballet, et denué d'effet musical, si l'on excepte un chœur du second acte, le serment des *Danaïdes;* alors est venue de Vienne au journal de Paris une lettre de Gluck, qui déclare que cet opéra est tout entier de Saliéri, et qu'il lui en laisse *toute la gloire*.

Cependant les premières représentations de cet opéra ont attiré du monde, comme en attire tout ouvrage de parti, et d'ailleurs il y a du spectacle. La décoration du temple de Némésis est fort belle, et le moment où le palais de Danaüs s'embrase par la foudre et fait place au Tartare, est d'une belle exécution, quoiqu'il s'y mêle encore des détails ridicules. Danaüs est tranquillement assis dans le Tartare comme sur un canapé; il fallait le représenter sur une roche, enchaîné pittoresquement comme Prométhée. A la première représentation on avait imaginé un gros vautour qui lui mangeait le cœur; mais ce repas, je ne sais pourquoi, n'a pas ragoûté le public, et on ne l'a pas servi une seconde fois. Vous voyez qu'il n'y a qu'heur et malheur ; car on pouvait bien supporter à l'Opéra le cœur mangé par un vautour, comme à la comédie française le cœur servi si proprement à Gabrielle de Vergy.

On attend ici le roi de Suède dans les premiers jours de juin, et l'on diffère jusques-là la réception de M. de Montesquiou à l'académie, dont on veut faire voir à ce prince une séance publique. L'élection de M. de Montesquiou à la place de l'évêque de Limoges lui a valu une épigramme ; car il faut bien qu'on en fasse sur tout, et principalement contre l'académie. On nous traite comme les puissances : heureusement cette épigramme n'est ni longue ni amère.

Montesquiou-Fesenzac est de l'académie.
Quel ouvrage a-t-il fait ? sa généalogie.

Presque toutes les satyres contre les élections académiques portent sur un préjugé très-faux. Il semble que l'académie française doive être composée de quarante hommes de talent ; on ne les trouverait pas dans toute la France. Il entre dans l'esprit de son institution de choisir des amateurs, et c'est une manière d'honorer la littérature, que de les prendre dans les classes les plus distinguées de l'État. Au reste, nous aurons bientôt une nouvelle place à donner : M. de Pompignan est à l'extrémité et peut-être mort; il a reçu l'extrême-onction, et il a dicté une déclaration de son attachement inviolable à la doctrine de l'église. Le roi a demandé de ses nouvelles, lorsque M. de Choiseul-Gouffier lui a porté le vœu de l'académie en faveur de M. de Montesquiou.

Les *Mémoires de la vie de Voltaire* qui avaient couru manuscrits, sont aujourd'hui imprimés et se vendent sous le manteau, malgré les plaintes du ministre du roi de Prusse. Les deux pièces les plus curieuses sont sans doute les vers de Frédéric contre Louis XV, et la réponse à ces vers attribuée à M. le duc de Choiseul, mais qui est (dit-on) de Palissot, ou de M. de Lisle, officier de dragons. Frédéric a fait des vers français qui ne sont pas trop mal pour un roi Allemand, sur-tout quand Voltaire les corrigeait; mais il a fait ceux-ci tout seul, on le voit bien, et vous n'aurez pas de peine à croire que la réponse vaut infiniment mieux que ses vers.

LETTRE CCVIII.

Le roi de Suède a assisté à la séance publique de l'académie pour la réception de M. de Montesquiou, et le récipiendaire et le directeur (M. Suard) ont tous deux fait entrer l'éloge de ce prince dans leurs discours. Après la séance, il a causé avec tous les académiciens.

Le discours de M. de Montesquiou est celui d'un homme de cour; il ne contient que des éloges, et ceux de Monsieur, frère du roi, et de M. le comte d'Artois y tiennent une grande place. M. Suard, quoique son discours soit trop long, s'est pourtant préservé de la monotonie des louanges, en semant dans sa réponse à M. de Montesquiou, des idées générales sur les avantages que la langue et le goût pouvaient retirer de l'association des gens de lettres et des gens du monde, l'un des objets qui ont dû entrer dans le projet d'établissement d'une académie française. Il a traité cet endroit avec beaucoup d'esprit, quoiqu'en donnant peut-être un peu trop d'importance à ce qu'on appelle *le bon ton*, mot si vague, si susceptible d'arbitraire dans l'explication, si soumis à la mode, la chose du monde la plus variable, qu'il serait beaucoup plus facile à un bon esprit de s'en passer que d'en faire l'objet essentiel de ses études. En faisant sentir ce qu'il a d'utile, il fallait ne pas laisser oublier tout ce qu'il a de frivole ; il fallait ne pas aller jusqu'à dire que la politesse est un *talent* : c'est abuser, ce me semble, des idées et des termes. La politesse dans l'esprit et dans les manières est une très-bonne qualité qui s'acquiert par l'usage et l'observation du monde, et n'est point un *talent* ; car un talent est un *don* de la nature. Il y a d'autres fautes dans ce discours, des expressions impropres, de mauvaises constructions, des phrases entortillées et obscures, par exemple celle-ci : « notre langue est *plus variée dans ses tours que dans ses mouvemens*. » Qu'est-ce que les *mouvemens* d'une langue ? ce ne peut être que les figures de pensée et de diction, et ces figures seront plus ou moins nombreuses, selon que l'homme qui parle ou qui écrit sera plus ou moins éloquent, plus ou moins passionné. Cette différence ne tient point à l'idiôme, mais à l'individu : aussi voyons-nous que chaque langue a ses constructions, mais que dans toutes les langues les passions ont les mêmes *mouvemens*. Il en résulte que dans cette phrase l'auteur ne s'est pas entendu lui-même. En voici une autre bien plus extraordinaire, sur-tout dans un académicien, parce qu'elle péche à la fois et contre le bon sens et contre la syntaxe. *Si les Muses ont des charmes pour vous*, dit-il au récipiendaire, *elles ont encore moins de rigueurs*. Cette phrase est totalement absurde : le mot *moins* suppose ici une phrase négative qui précède, celle-ci par exemple : *si les Muses n'ont point de charmes* ou *ont peu de charmes... elles ont encore moins de rigueurs*. *Moins* est alors le corrélatif de *point* ou de *peu*; mais comment entendre que les Muses qui ont *des charmes* aient *encore moins de rigueurs qu'elles n'ont de charmes* ? Cela est incompréhensible ; et l'on n'a pas manqué d'observer qu'il était désagréable qu'un directeur présidant l'académie dans une assemblée publique, commît des fautes si étranges. Cela n'empêche pas que son discours n'ait fait plaisir en général, et n'ait été fort applaudi.

M. le duc de Nivernois a lu une demi-douzaine de fables d'une moralité juste, mais commune, et d'une versification aussi mince que sa voix est flûtée : l'une semble être faite pour l'autre. Mais sa personne est aimée et justement aimée, et l'on a fort applaudi ces vers de duc et d'amateur.

M.me de Genlis vient de faire paraître ses *Veillées du Château* en trois volumes, faisant partie de son cours d'éducation. Il s'en faut de beaucoup que ce nouvel ouvrage soutienne la réputation que les précédens lui ont méritée ; mais il lui fera encore plus d'ennemis, et l'on ne peut nier cette fois qu'elle ne l'ait bien voulu.

Les *Veillées du Château* sont un recueil de contes instructifs et moraux, du moins dans les deux premiers volumes. On y retrouve dans plusieurs endroits le talent de l'auteur, des traits intéressans, des détails heureux, l'art de mettre la morale en action, et de donner à la vertu ce charme qui doit se faire sentir, sur-tout à des ames neuves et innocentes ; mais aussi la critique trouvera beaucoup à s'exercer sur d'autres parties, et l'auteur a donné le droit d'être sévère. Il y a une très-longue histoire intitulée la *Féerie de la*

Nature, qui est très-mal inventée, et dénuée également d'intérêt et de vraisemblance. L'auteur a voulu y rassembler quelques-unes de ces petites merveilles de la physique qui peuvent en effet étonner des enfans, mais qui sont depuis long-temps si communes et si connues qu'elles ne sauraient surprendre un jeune homme qui a fait quelques études et qui a lu, tel que celui qu'elle a introduit dans son conte. Il n'y a point d'homme, pour peu qu'il ait eu quelque éducation, qui ne connaisse les effets du phosphore, de l'écho, des feux électriques, les accidens de la lumière sur des rochers de glace, etc. etc. ; et il n'y a qu'un imbécille qui puisse les prendre pour des miracles, et en rester stupéfait. On ne voit dans ce conte que la prétention de montrer des connaissances acquises de la veille, et dont le mérite est nul dans un temps où toutes nos jeunes femmes qui font des cours de physique, en savent beaucoup plus en six mois que M.me de Genlis ne peut leur en apprendre dans son livre. La partie morale de ce conte n'est pas moins répréhensible ; c'est une exagération continuelle de courage et de vertu, et la bizarrerie y est portée jusqu'à l'absurde. L'auteur veut absolument qu'on détruise toutes les passions dans une jeune personne, et cela est impossible : la sagesse ne doit tendre qu'à les diriger et à les tempérer. Mais comment concevoir qu'un père qui destine sa fille à un jeune homme qu'elle aime et qui en est aimé, lui dise : je veux que ma fille vous croye amoureux d'une autre femme, et je vous défends de la détromper ? Quel amas d'inconséquences cruelles dans une pareille conduite ! Quoi ! ce père veut que sa fille soit gratuitement malheureuse, et que son gendre joue le rôle d'un homme faux et inconstant ! Et ne songe-t-il pas que sa fille, après avoir long-temps souffert, peut finir par oublier celui qu'elle croit perdu pour elle, et en aimer un autre ? Il aura donc fait alors le malheur de celui qu'il avait choisi pour gendre. De plus, toute feinte et toute dissimulation n'est-elle pas condamnable ? Comment en donne-t-on le précepte et l'exemple dans un livre d'éducation ? Voilà jusqu'où mènent les idées outrées et les vertus factices.

Mais ce qui est plus inexcusable que tout le reste, c'est le 3.e volume. Il est inouï que dans un ouvrage de ce genre il y ait un volume consacré à la haine et à la vengeance, et rempli de satyres amères et injustes contre l'académie française en général, et contre ses membres les plus illustres. Ce projet se manifeste sur-tout dans un conte d'une excessive longueur, qui a pour titre les *Deux Réputations*. Le fond de ce conte est trivial et insipide ; on voit que ce n'est qu'un cadre pour amener, n'importe comment, des diffamations personnelles, directes ou indirectes. Les deux principaux personnages sont deux hommes de lettres, dont l'un est honnête, et l'autre n'est qu'un intrigant. Tous deux aiment une veuve, et prétendent en même temps à l'académie. Il y a une place vacante, et la veuve promet sa main à celui qui aura *mérité* cette place. C'est ce mot de *mérité* qui fait tout le nœud de l'intrigue, et qui est la pointe de l'épigramme. L'intrigant a la place d'académicien, et croit avoir la main de la veuve ; mais celle-ci, au contraire, prétend que puisqu'il a obtenu la place, c'est une preuve qu'il ne l'a pas *méritée*, et en conséquence elle épouse son rival. C'est bien là le cas de l'axiome si connu : *qui prouve trop ne prouve rien.* Certainement l'académie est très-faillible, puisqu'elle est composée d'hommes ; mais comment établit-on en principe que son choix est toujours le contraire de la justice ? Comment fait-on de ce principe calomnieux la base d'un conte qu'on appelle *moral* ? Enfin, lorsqu'on se souvient que M.me de Genlis a voulu, il y a a deux ans, avoir le prix de l'académie, et a même fait pour cela des visites et des démarches qui ne sont point d'usage, lorsqu'on sait que dès ce temps elle menaçait l'académie d'une satyre, si elle n'avait pas ce prix que M.me d'Epinay remporta, on ne voit dans toute cette conduite que les égaremens d'un amour-propre offensé, qui n'est ni noble ni même adroit dans ses vengeances ; et si ce conte, prétendu moral, peut contenir une leçon, c'est sans doute qu'il faut bien se garder d'imiter l'auteur.

On peut ajouter qu'il ne faut pas l'en croire non plus dans ses jugemens littéraires, toujours dictés par la passion et l'esprit de parti ; et certes personne ne croira sur sa parole, que l'auteur de Zaïre, de la Henriade, de l'histoire de Charles XII et de tant de poésies légères *n'ait jamais qu'une manière et qu'un ton dans son style ;* que les contes moraux de Marmontel sont d'un homme *sans connaissance du monde ;* ni que M. de Buffon, dont le défaut est précisément d'avoir un style trop uniforme, soit beaucoup plus *varié* que Voltaire. Mme de Genlis n'était point obligée dans un livre de morale d'assigner ainsi les rangs en littérature, et tout ce qu'elle nous apprend, c'est qu'elle n'aime point du tout Voltaire, et qu'elle aime beaucoup M. de Buffon, ce qui n'est ni fort instructif ni fort intéressant, et ce qui sur-tout n'est point une excuse pour juger si mal tous les deux. On pourrait citer d'autres jugemens de Mme de Genlis, tout aussi bizarres et toujours dictés par la même partialité. Il ne suffit pas d'être l'amie d'un historien d'ailleurs estimable, et d'en avoir été prodigieusement louée, pour être en droit de nous dire que c'est le *seul historien qui ait du sentiment :* elle a voulu dire sans doute de la sensibilité ; car on n'a jamais dit qu'un historien eut du *sentiment.* Mais il me semble que Tite-Live, Tacite, Voltaire, l'abbé de Vertot ne sont pas des historiens froids, et leur sensibilité n'est jamais déclamatoire. M.me de Genlis annonce un cours de littérature : il y a toute apparence que ce sera un cours de préjugés et d'erreurs, puisque l'auteur juge avec ses passions plus qu'avec son goût et son esprit.

LETTRE CCIX.

La turpitude de notre théâtre et de notre littérature va toujours en se perfectionnant, et il est de plus en plus avéré que les succès ne sont plus qu'une affaire d'arrangement. Quelques-uns de nos confrères, pleins de ce tendre penchant que des gens mêmes de mérite ont si volontiers pour la médiocrité, se sont mis dans la tête de porter à l'académie un M. Leblanc, auteur d'une tragédie de *Manco Capac* qui est un chef-d'œuvre de bêtise. Ils l'ont aidé à faire remettre au théâtre une autre rapsodie de la même force, intitulée les *Druïdes*, jouée il y a dix ou douze ans avec quelque succès, parce qu'elle était remplie de déclamations satyriques contre les prêtres, et qu'il y avait un rôle de pontife où l'on voulait reconnaître l'archevêque de Paris, Beaumont, à qui ses querelles avaient fait beaucoup d'ennemis ; et il n'en faut pas davantage pour faire applaudir les plus mauvaises choses. C'est cet ouvrage détestable de tout point, absurde dans toutes ses parties, d'un style ridicule et barbare, hérissé de contre-sens et de solécismes, qu'on est parvenu à faire applaudir sans contradiction, ce qui est toujours très-aisé quand l'auteur est trop médiocre pour avoir des détracteurs. Cependant comme il n'est pas aussi facile de faire suivre une pièce que de la faire applaudir avec des billets payés, les *Druides* n'ont pas attiré de monde, et cela n'ira pas loin ; mais il est toujours honteux qu'on tolère de si scandaleuses rapsodies.

La fortune de Figaro se soutient toujours : les vingt premières représentations ont valu cent mille francs. On est à la vingt-septième, et l'affluence est toujours la même. Cela doit aller au moins, suivant toute apparence, à quarante représentations *, qui dans la salle immense de la comédie française en valent quatre-vingt de l'ancienne salle. M. Suard, ennemi personnel de Beaumarchais, a fait une sortie très-vive contre les *Noces de Figaro*, qu'il a désignées assez clairement dans sa réponse à M. de Montesquiou. Voici comme il s'exprime en parlant de la décadence

---

* Elle alla au-delà de cent.

de l'art dans le genre de la comédie :
« N'est-il pas permis de craindre que par
» un abus toujours croissant, on ne voie
» un jour avilir le théâtre de la nation
» par des tableaux de mœurs basses et
» corrompues, *qui n'auraient pas même*
» *le mérite d'être vraies*, où le vice sans
» pudeur et la satyre sans retenue *n'inté-*
» *resseraient* que par la licence, et dont
» le succès dégradant l'art en blessant
» l'honnêteté publique, déroberait à notre
» théâtre la gloire d'être pour toute l'Eu-
» rope l'école des bonnes mœurs comme du
» bon goût ? »

Ce morceau fort sensé dans les vues générales, pèche par deux endroits où il manque de vérité, d'abord dans les termes, ensuite dans les choses. *La licence* ne peut pas *intéresser* : il fallait mettre *ne plairaient que par la licence;* car la licence peut *plaire* quand les mœurs sont très-corrompues, et le succès de *Figaro* en est la preuve. De plus, il n'est point du tout prouvé que les mœurs de *Figaro* ne soient pas *vraies :* on prouverait aisément le contraire. Cette tirade a été applaudie avec transport par ce même public qui court en foule à *Figaro*, et rien n'est plus commun que ces sortes de contradictions.

M. Anquetil, auteur de l'*Esprit de la Ligue*, et frère de l'académicien des inscriptions à qui nous devons un ouvrage très-curieux sur la religion et les livres des Brames, vient de nous donner la *Vie du maréchal de Villars* en quatre volumes, rédigée sur les mémoires écrits par Villars lui-même, et dont nous avions déjà une ancienne édition en trois tomes. Celle-ci est mieux digérée et plus complète : on y a joint le journal fait par Villars, et qui sert de suite à ses mémoires. Tout ce qu'on peut reprocher à l'éditeur, c'est d'y avoir laissé des fautes de diction qu'il était très-facile et très-permis de corriger, et qui déparent trop souvent cet ouvrage, d'ailleurs très-curieux et très-instructif.

Le chevalier de Florian vient de remporter encore le prix de poésie à l'académie française. Il y avait soixante-cinq pièces de concours : il n'en est resté que deux, la sienne et une autre dont on fera mention. L'ouvrage couronné est tiré de l'ancien testament : c'est l'histoire de Ruth, espèce d'églogue la plus intéressante que l'antiquité nous ait laissée. La pièce de M. de Florian est écrite avec facilité; il y a de la grâce et de la douceur; c'est le style du genre qui ne demande pas une poésie forte; et c'est encore une preuve d'esprit et de jugement dans l'auteur, de choisir des sujets qui n'exigent guères plus de talent poétique qu'il n'en a.

LETTRE CCX.

L'Éloge de Fontenelle par M. Garat a donné lieu à un usage nouveau, introduit pour la première fois en sa faveur, mais qui désormais paraît devoir être général. Il a demandé à lire lui-même son discours, et on le lui a permis. Il a lu debout et avec une extrême rapidité : c'était ce qu'il pouvait faire de mieux, le discours étant d'une extrême longueur, quoique l'académie lui en eût fait retrancher un tiers. La lecture en a duré une heure et demie, encore en lisant en a-t-il supprimé quinze ou vingt pages qu'il a conservées à l'impression, mais qu'il a sacrifiées à la crainte de lasser son auditoire. Les discours les plus longs que l'académie eût couronnés jusqu'ici, même sur les plus grands sujets, n'avaient pas excédé cinq quarts-d'heure, et en général elle désire qu'ils ne passent guères une heure, ce qui est une mesure fort raisonnable, les chefs-d'œuvre des Bossuet et des Massillon ne s'étendant pas au-delà. Mais M. Garat, comme tous les rhéteurs, prétend qu'en une heure on n'a pas le temps d'avoir *du génie*, et mesure le sien plutôt par longueur que par le mérite de ses productions. M. Garat ignore que celui qui n'a pas la mesure juste d'un sujet, n'en a pas une juste idée; que celui qui ne sait pas le borner, ne sait pas le remplir. Aussi que fait-il? il étouffe sous l'amas des lieux communs, et des digressions et des hors-d'œuvres, le peu de beautés réelles qu'il répand dans un ouvrage. Il est diffus quand il croit être profond; il s'égare sans cesse au lieu de marcher à un but, et fatigue tellement son lecteur qu'on prend le parti de le laisser là. Rien n'est si pénible à lire que M. Garat, quoique dans tout ce qu'il écrit il y ait de l'esprit : c'est que son esprit n'est pas réglé par un jugement sain ni par un goût sûr. Jamais il ne conçoit un ensemble et des effets; il fait un morceau, puis un morceau, et chaque morceau lui fait oublier l'ouvrage entier. Joignez à ce défaut d'ordre et de distribution un style laborieusement recherché, des phrases entortillées, des constructions louches, des périodes d'une longueur assommante, des expressions de mauvais goût, des idées fausses; tous ces défauts qui se manifestent plus ou moins dans ses différentes productions, ne laissent pas espérer qu'un homme qui à l'âge de trente-six ans n'est pas plus avancé ni plus mûr, sache jamais ni bien composer ni bien écrire. Il restera dans la classe de tant d'écrivains médiocres, qui avec de l'esprit et du talent, n'ont jamais pu faire que des morceaux et pas un ouvrage.

Il y a dans son éloge de Fontenelle des endroits dont le mérite peut justifier les suffrages de l'académie, qui ne prétend pas et ne peut pas couronner souvent des chefs-d'œuvre. Le morceau qui regarde les *Eloges des Académiciens* par Fontenelle, et quelques autres encore se font remarquer dans la seconde moitié de son discours; mais toute la première est excessivement défectueuse, et pour le fond et pour la forme. Quoi de plus bizarre et de plus mal-adroit, de plus opposé à la connaissance de l'art oratoire, que de détailler et de développer très-longuement tous les genres de talent *que Fontenelle n'a pas eus?* Eh ! ce n'est pas cela qu'on vous demande : dites-nous en quoi il a été louable, puisque vous le louez, et ne faites pas comme ce valet de comédie, qui montrant tour-à-tour cinq ou six maisons, au lieu de la seule qu'on lui demande, dit toujours : *vous voyez bien cette maison là-bas : eh bien ! ce n'est pas celle-là.*

Il n'est pas étonnant qu'avec un plan semblable on fasse un discours de trois heures, quand il en faudrait un d'une demi-heure. Ce n'est pas richesse de composition; c'est pauvreté de jugement. On pouvait apprécier en une page les pastorales de Fontenelle ; mais ce n'est pas là ce qui occupe M. Garat. Il est question de pastorales : eh ! vîte, une poétique sur l'églogue ; car il convient au *génie* d'être législateur même dans les matières où tout a été dit ; et là-dessus quinze pages sur Théocrite et sur Virgile, qui servent merveilleusement à faire sentir le mérite de Fontenelle. Il a fait un opéra fort médiocre : eh ! vîte, une poétique sur l'opéra et un long éloge de Quinault. Il a fait des *Dialogues des Morts*, qui ne sont le plus souvent qu'un abus d'esprit : eh ! vîte, un long panégyrique de Lucien. Voilà ce que M. Garat appelle faire un discours avec *génie*. Mais qu'est-il arrivé ? son discours, assez accueilli à la séance publique, mais à la faveur d'une lecture morcelée, n'a pu se soutenir en son entier dans le cabinet, et personne, que je sache, n'a pu le lire sans ennui.

On a fait mention d'un autre éloge de Fontenelle par M. Leroi : il est en général d'un esprit judicieux et d'un style sain. On y distingue sur-tout un parallèle de Voltaire et de Fontenelle assez bien fait ; mais l'ouvrage est peu approfondi, et ne s'élève guères au-dessus du médiocre.

L'églogue de *Ruth* que M. de Florian a lue aussi lui-même, a paru faire plaisir. Il y a des choses faibles, prosaïques et négligées ; mais du moins le style est en général celui du genre ; il a de la douceur, de la grâce et de la naïveté. On peut remarquer que l'auteur a le bon esprit de ne choisir que des sujets qui ne s'élèvent pas trop au-dessus de son talent poétique qui est médiocre. Il réussit infiniment mieux en prose : il vient de donner un petit volume de *Nouvelles* : sur six il y en a quatre de fort jolies, sur-tout la dernière qui roule sur une très-ingénieuse allégorie du bonheur. Ces *Nouvelles*, quoique fort agréables à lire, ne sont pas aussi purement écrites que *Galathée*. On voit que l'auteur les a moins soignées ; et même elles ne sont

R..

pas exemptes d'affectation et de mauvais goût, tant la contagion est difficile à éviter.

M. de Rivarol, connu par quelques satyres spirituelles, faciles à faire et à lire, vient de remporter un prix d'éloquence à l'académie de Berlin. Le sujet était intéressant : *des causes de l'universalité de la langue française*. L'auteur les développe avec beaucoup d'esprit, mais parfois avec celui d'autrui, notamment de l'abbé de Condillac; il a des connaissances; son style est rapide et brillant; mais gâté à l'excès par l'abus des figures et des métaphores. Rien ne prouve mieux combien cette épidémie est générale, que de voir à quel point en sont infectés des gens même qui n'ont pas un esprit vulgaire.

On a joué aux Italiens avec beaucoup de succès un petit drame intitulé *Fanfan et Colas*, tiré d'une fable de l'abbé Aubert. C'est une des trois ou quatre qui ont paru les meilleures dans son insipide recueil. Il y a quelque intérêt dans le sujet, et la pièce est bien jouée; mais il ne faut pas la lire. Quelques traits de naturel ne sauraient racheter toutes les fautes qui s'y trouvent contre l'art, le bon sens et le goût. Elle est sous le nom de

M.ᵐᵉ de Beaunoir ; mais son mari en est (dit-on) l'auteur. Il s'appelait autrefois Robineau, et a donné sous ce nom quelques actes aux Boulevards.

LETTRE CCXI.

Les trois théâtres n'ont rien offert depuis trois mois qui soit digne d'une grande attention. A la comédie française, le phénomène unique de Figaro s'est soutenu dans tout son éclat jusqu'à ce moment, où il en est à la soixante-cinquième représentation, toujours également suivi. Il n'y a point d'exemple d'un pareil succès dans les annales du théâtre ; car les quatre-vingts représentations de *Timocrate*, mauvaise tragédie de Thomas Corneille qui n'a jamais reparu depuis sa nouveauté, ne peuvent pas être comparées au succès de *Figaro*, vu que la salle du spectacle d'aujourd'hui contient le double de monde. Il ne faut pas croire non plus avec des censeurs trop sévères, qu'il en sera de la pièce de Beaumarchais comme de celle de Thomas Corneille, et qu'on ne la reverra plus. Je l'ai revue, et je pense qu'elle restera au théâtre *. Je sais bien que des

---

* Du moins jusqu'à ce qu'il soit épuré, quant à la partie morale ; et il le sera. L'excès du mal en tout

circonstances particulières à l'ouvrage et à l'auteur sont au moins pour la moitié dans ce prodigieux succès; que ce n'est pas à beaucoup près une bonne comédie ; qu'elle est remplie de fautes et de mauvais goût ; que le quatrième acte est vide, et le cinquième dénué de toute vraisemblance. Mais en total c'est un *imbroglio* très-amusant, plein d'esprit et de gaîté. Les trois premiers actes attachent par les situations et par les détails ; en un mot, pendant trois heures que dure la représentation, il y a beaucoup plus de plaisir que d'ennui, et c'est un mérite remarquable dans une pièce qui remplit toute la durée d'un spectacle. Si les deux derniers actes valaient les trois premiers, il y aurait peu d'ouvrages plus divertissans ; mais s'il est facile de critiquer Figaro, il est difficile de ne pas rire, et la gaîté excuse tout.

On a donné à ce théâtre, tout au travers de *Figaro*, une comédie en trois actes et en

---

amène la réforme en tout. C'est la marche de la Sagesse suprême qui veille à son ouvrage, et c'est l'explication du grand phénomène de la révolution française : *Qui potest capere capiat.*

vers, de M. Vigée, la *Fausse Coquette*. Elle a été applaudie et peu suivie ; il y a de la facilité et de l'esprit, et point de mauvais goût ; mais c'est une de ces productions de jeune homme, dont les détails et le fond rappellent tout ce que l'on connaît. Une autre pièce de M. Desfaucherais, l'*Avare cru bienfaisant*, en cinq actes et en vers, a été rejetée tout de suite : le parterre n'est pas toujours de la même indulgence.

Marmontel, après avoir quitté le théâtre français depuis plus de trente ans, s'est avisé d'y reparaître avec sa *Cléopâtre* refaite sur un nouveau plan. Cette tentative imprudente à son âge, et que tous ses amis ont blâmée, ne lui a pas réussi. Ce n'est pas à soixante ans qu'il faut rentrer dans une carrière où l'on a toujours été malheureux; et sur-tout il ne faut pas y rentrer par un sujet reconnu impraticable, et tel que Voltaire lui-même ne s'en serait pas tiré. Ce qu'il y a de pis, c'est qu'aux vices essentiels du sujet se joignent toutes les fautes que peut commettre un homme qui n'a jamais senti ni connu la tragédie. On a goûté des détails nobles et imposans dans les premiers actes, de beaux morceaux remarquables dans un style souvent pénible, vague et prosaïque; mais le défaut absolu d'intérêt et d'action s'est fait sentir généralement, et les deux derniers actes ont été très-mal reçus. Il a employé huit jours à corriger les fautes les plus visibles; mais à la seconde représentation il n'y avait personne, et il a fallu retirer la pièce à la troisième.

Piccini n'a guères été plus heureux dans *Endymion*, pastorale fort plate, où ce grand compositeur a pour ainsi dire prostitué son talent, et dont il n'a pu sauver l'insipidité. La pièce n'a fait que paraître et disparaître; mais Piccini a obtenu tant de triomphes sur la scène lyrique qu'à peine a-t-on remarqué cette petite disgrâce, qui même à proprement parler n'était pas la sienne.

Dardanus, opéra de Labruère, et de Rameau, remis en musique par Sacchini, a eu plus de succès. M. Guillard n'a pas laissé de gâter un peu les paroles qui ne sont point du tout mauvaises, quoique le fond du sujet soit plus noble qu'intéressant. Quant à la musique, on y reconnaît toujours un grand maître, mais qui a trop conservé les défauts de l'opéra italien, et connaît peu les effets dramatiques, et l'ensemble et la marche d'un ouvrage de théâtre. Sa musique est souvent hors de place et quelquefois hors de sens, et ses accompagnemens sont négligés. Rien ne fait mieux sentir tout le mérite de Piccini, qui, après avoir travaillé si long-temps sur des plans plus ou moins mauvais, a su élever tout d'un coup son talent à la véritable tragédie lyrique, telle qu'elle n'a encore été conçue qu'en France, et nous a donné, dans l'espace de six ans, les plus beaux ouvrages qu'on eût encore vus au théâtre de l'Opéra.

Dans la foule des nouveautés du théâtre italien, deux seulement ont été remarquées : 1.º les *Docteurs modernes*, farce en vaudevilles, qui n'est qu'une satyre assez gaie du magnétisme animal. Quelques rigoristes ont prétendu que c'était là de la satyre personnelle, et que cela passait les bornes prescrites. Nullement : le magnétisme n'est plus le secret de Mesmer ; c'est une épidémie qui a gagné toute la France ; et comme il est permis depuis cent ans de jouer la médecine sur le théâtre, il n'y a pas de raison pour que la médecine magnétique soit plus respectée qu'une autre ; quoiqu'à mon avis la médecine soit une fort bonne chose, et que le ridicule ne doive pas tomber sur elle, mais sur les médecins.

2.º *Richard cœur de Lion*, opéra-comique de Sedaine et de Grétri, qui a eu beaucoup de succès. La pièce est comme toutes celles du même auteur : des situations, des effets de théâtre, et des fautes de toute espèce rachetées par la musique : elle est de Grétri.

LETTRE CCXII,

AU COMTE SCHOWALOW.

Depuis que l'enthousiasme pour les ballons s'est un peu calmé, rien n'a plus occupé les esprits que le magnétisme animal. Le gouvernement s'en est enfin mêlé, et il le devait. Vous demandez ce que j'en pense : le fond de la question n'est pas de mon ressort, puisque je ne suis ni médecin ni physicien. Je n'ignore pas quelle est l'opinion de ceux qui vont prononcer, et qui en ont le droit. Mais je n'examine ici que les probabilités morales qui trompent rarement, et j'avoue qu'elles ne sont pas en faveur de Mesmer. Sa conduite n'a pas été celle d'un homme qui veut faire part à l'humanité d'une grande et utile découverte, en tâchant, comme il est trop juste, d'en tirer une récompense ; mais celle d'un charlatan très-adroit qui a su, à force de patience et de réserve, exciter une grande curiosité et la faire tourner à son profit, sans jamais la satisfaire, d'où l'on peut inférer que la lumière ne lui est pas favorable.

Il s'est environné jusqu'ici d'un nuage impénétrable. Pendant trois ans il a fait peu de sensation dans ce pays : on n'avait pas fait une grande attention à l'exposé des principes généraux de physique qui étaient comme les prolégomènes de sa mystérieuse doctrine. Il annonçait toujours un grand secret que le gouvernement seul pouvait payer, et se contentait de quelques traitemens particuliers qui ne faisaient pas grand bruit. Cependant dès la seconde année de son séjour, quelques cures qu'on pouvait fort bien croire opérées par la nature, pour peu qu'il ne l'eût pas contrariée, engagèrent le gouvernement à lui offrir vingt mille livres de pension et une maison aux frais du roi, où il traiterait des malades, pour éprouver les effets de son systême médical sous les yeux de commissaires instruits dans cette partie. Cette proposition semblait devoir convenir à un homme qui aurait agi de bonne foi : l'utilité de son remède une fois constatée, les vingt mille livres de pension lui étaient assurées pour sa vie, et cette récompense était honnête. Il refusa, et ce refus parut très-justement suspect. Il donna pour raison qu'il ne voulait pour juges ni *médecins* ni *savans* dont il craignait la *jalousie*. Il voulait qu'on s'en tînt au rapport de ses malades, et qu'on lui payât pour l'acquisition de son secret la somme qu'il demanderait. Il demandait au moins cent mille écus; il fut refusé à son tour, et devait l'être. Il est sûr que récusant les *médecins et les savans*, juges naturels dans ces matières, il devenait fort difficile de le juger; car assurément cela n'était point de la compétence des tribunaux, ni même de ses *malades*, que l'on peut si aisément abuser sur les moyens curatifs qu'on a employés. Mesmer ne se rebuta pas: connaissant bien notre nation, il jugea que s'il parvenait à faire seulement un enthousiaste dans la classe d'hommes qui donne le ton aux autres, cela suffirait pour lui en faire mille, parce que dans ce pays-ci le mouvement une fois donné et la chose devenue mode, on ne peut plus calculer jusqu'où elle ira. Il annonça qu'il révelerait sa doctrine à quelques personnes dont il serait sûr et sous le sceau du secret. Le premier adepte qu'il fit fut le comte de Puységur, à qui il apprit à magnétiser; celui-ci lui en gagna d'autres. Il produisait ou paraissait produire des effets extraordinaires, et cela faisait l'amusement des soupers. Tout le monde voulut être à portée d'en faire autant, et Mesmer disant toujours qu'il ne voulait que répandre la lumière en conservant la propriété de son secret qui était toute sa fortune, on convint que tous ceux qui voudraient apprendre ses procédés magnétiques, lui paieraient cent louis, et promettraient sur leur honneur de ne point révéler ses principes en les mettant en action. Ce fut à qui se ferait inscrire, et en six mois Mesmer se trouva (dit-on) en état de placer ici deux cent mille écus. Le nombre de ses partisans croissait tous les jours : imaginez quelle jouissance pour des têtes françaises que la possession exclusive d'un secret, et quel plaisir pour des hommes qui ne connaissaient pas seulement le mouvement du pouls, de se voir pour cent louis érigés en thaumaturges! On courut en foule à son baquet, hommes et femmes, et à celui de Deslon, l'un de ses élèves. Des médecins de Paris et des provinces se firent initier, et l'on magnétisa dans toute la France.

Alors le ministère nomma douze commissaires pour examiner ses procédés et ses traitemens, quatre de l'académie des sciences, quatre de la faculté de médecine, et quatre de la société royale de médecine. L'examen se fit non pas chez Mesmer, mais chez Deslon, quoique Mesmer protestât que Deslon n'était pas instruit de sa théorie, et n'avait qu'une pratique aveugle. Mais en même temps il rendait l'examen à peu près impossible chez lui par les difficultés et les entraves qu'il y mettait, et auxquelles personne n'était obligé de se soumettre. Toute cette conduite n'est pas nette, et dans l'exposé que tout le monde a lu, de ses démêlés avec la société royale de médecine, la bonne foi dans les procédés n'est certainement pas de son côté.

Enfin lorsque les commissaires, à l'exception d'un seul, (M. de Jussieu) eurent déclaré dans un rapport parfaitement bien rédigé par M. Bailly, que l'existence du fluide magnétique était une chimère, Mesmer présenta une requête très-violente au parlement, demanda des juges, mais toujours en termes vagues et conçus de manière qu'on voyait clairement qu'il voulait que ses examinateurs procédassent suivant ses instructions, et non pas suivant leurs propres lumières. La requête est demeurée jusqu'ici sans effet; mais la moitié de la cour protège vivement Mesmer;

il a mis dans ses intérêts l'amour-propre de tous ceux qui ont vanté ses miracles, et les baquets magnétiques subsistent, sinon avec gloire, au moins avec profit. J'ai cédé comme bien d'autres à la curiosité, et je me suis laissé mener par quelques personnes de connaissance au baquet de Deslon qui a la vogue, sur-tout auprès des femmes; car il a sur Mesmer l'avantage d'être jeune et fort bel homme. J'ai eu la patience (car malgré la bonne société c'était vraiment un effort pour un homme de mon caractère) d'y aller huit jours de suite; et je n'y ai rien vu, en mon ame et conscience, qui ne m'ait paru ridicule ou dégoûtant, hors l'harmonica dont on joue de temps en temps dans la salle du baquet. On a essayé sur moi toutes les simagrées magnétiques, sans que j'aie ressenti aucune espèce d'impression, si ce n'est qu'une fois le magnétiseur me pressant l'épigastre assez fort et assez long-temps, et me demandant ce que je sentais : *je sens* (lui dis-je) *que vous me faites mal, et voilà tout.* Le charlatanisme perçait à tout moment et de toute manière. Je demandai une fois (c'était le dernier jour que j'y allai, et il faisait fort chaud) s'il n'y aurait pas moyen d'avoir de là limonade. On m'en apporta, et je la trouvai un peu aigrelette. Savez-vous ce que c'était? une médecine, et je ne pouvais pas être long-temps à m'en appercevoir, quand même un de mes voisins qui était dans le secret ne m'en eût pas averti. Après ce dernier trait, j'en eus assez. Je vis fort bien que pour *me faire quelque chose*, on n'avait rien trouvé de mieux que de me purger; mais pour cela je n'avais besoin de personne, et je savais fort bien mettre une cuillerée de crême de tartre dans un verre d'eau, quand je voulais me procurer une petite purgation. C'est pourtant là tout ce que le magnétisme et le baquet ont opéré sur moi, qui apparemment ne suis pas *un sujet* pour *la science*. Au reste, je ne crois nullement à la médecine *occulte*, non plus qu'à la physique *occulte*. On peut trouver quelques spécifiques pour tel ou tel mal, et qui même n'agissent qu'en raison de l'analogie éventuelle avec le tempérament, et delà le danger de cette espèce d'empyrisme toujours aveugle. Mais sans être médecin, on peut affirmer qu'en rigueur métaphysique il ne peut y avoir de remède universel, puisque l'homme ne connaît aucune des causes premières en quoi que ce soit, et ne peut par conséquent opérer aucun effet universel. Toute science marche avec le temps ; et quelle crédulité, bon Dieu ! d'imaginer que tout ce que nous savons de médecine depuis Hippocrate jusqu'à Boërrhave n'est bon à rien, et qu'il fallait arriver à la fin du dix-huitième siècle, pour qu'un docteur allemand vînt à Paris nous révéler la médecine universelle, fondée sur l'action d'un fluide magnétique dont les savans nient l'existence ! Voilà pour ce qui regarde la grande histoire du magnétisme animal : passons à la littérature.

Elle a perdu deux hommes bien différens, Diderot et Lefranc de Pompignan. L'un a déshonoré sa philosophie en prêchant l'athéisme, l'autre a nui à la cause de la religion par un zèle tout au moins imprudent. Le premier n'a pas été reçu à l'académie à cause de son impiété affichée ; l'autre, après y avoir pris séance, n'a jamais pu y reparaître, parce qu'il n'y avait pris place que pour accuser les gens de lettres ses confrères. La vanité de Pompignan l'a ridiculisé, et les gens éclairés ont reproché avec justice à Diderot d'avoir abusé de son esprit pour porter dans la théorie des beaux-arts des

S.

idées très-erronées. Sa poétique du théâtre est le premier ouvrage qui ait ébranlé les principes du bon goût, et qui ait ouvert la porte aux extravagances du paradoxe et à l'inondation des mauvais drames. Cela n'empêche pas qu'il n'ait rendu dans l'*Encyclopédie* de vrais services aux sciences mécaniques; car dans les sciences spéculatives ce n'a jamais été qu'un de ces fous qui ne doutent de rien. Il a été du petit nombre des savans qui ont eu de l'imagination, il est vrai; mais l'imagination seule, dénuée de jugement et de goût, ne produit pas un seul bon ouvrage, et c'est l'histoire de Diderot. On dit que les manuscrits qu'il a laissés sont nombreux : j'ignore en quelles mains ils sont et quel usage on en fera.

Quelque temps avant sa mort, il quitta sa maison pour se faire transporter dans celle que l'impératrice de Russie avait fait arranger pour lui. Le curé de S. Roch, sur la paroisse duquel il est mort, est un prêtre fort sage, qui s'est contenté de lui dire qu'un mot d'un homme tel que lui en faveur de la religion qu'il avait offensée, serait d'un exemple très-utile et très-édifiant. Les uns disent qu'il a cédé; les autres le nient. Il paraît qu'à cause de sa famille on a pris un grand soin de cacher ses derniers momens, ce qui rend la vérité très-difficile à savoir, du moins aujourd'hui.

LETTRE CCXIII.

DE tous les ouvrages qui ont été publiés sur l'Amérique Septentrionale, le plus curieux, le plus intéressant et le plus instructif est sans contredit celui qui vient de paraître en deux volumes *in-8.º*, sous le titre de *Lettres d'un Cultivateur Américain*. Il est de M. de Crèvecœur, gentilhomme normand, mais transporté dès l'âge de seize ans en Amérique, et pour ainsi dire naturalisé Anglais: aussi son livre a-t-il été d'abord composé dans cette langue. On voit qu'il a écrit à différentes époques pendant la dernière guerre qui a produit la révolution. M. de Crèvecœur, propriétaire d'une habitation sur les frontières, fut une des premières victimes de la guerre. Tout ce qu'il possédait fut détruit et incendié par les sauvages alliés de l'Angleterre. Il vint en France et y traduisit son propre ouvrage; mais comme le français lui était devenu moins familier, il a laissé dans sa traduction beaucoup d'incorrections et d'anglicismes. Cependant comme il n'y a pas dans son style la plus légère trace d'affectation, de recherche, ni de déclamation, l'air un peu étranger et le goût de terroir qui se fait sentir dans sa manière d'écrire, ne lui nuit point du tout, et ajoute même encore à la vérité de son expression. Rempli de toutes les idées qui ont dû fermenter dans une tête américaine, au moment de cette grande scission, frappé vivement, tantôt de l'horreur des ravages où sa patrie est livrée, tantôt de l'enthousiasme d'une liberté naissante et des vastes espérances d'un monde nouveau qui prend une existence nouvelle, il communique aux lecteurs toutes les impressions qu'il éprouve, et qui paraissent vraies et profondes. Il ne peint que ce qu'il a vu, il n'exprime que ce qu'il a senti ; il revient très-souvent sur les mêmes idées ; mais elles sont si attachantes et si importantes qu'on y revient sans peine avec lui. C'est toujours le sentiment des droits naturels de l'homme, tel qu'il devait être gravé dans l'ame d'un cultivateur américain, l'être le plus libre peut-être qui fût sur la surface du globe, jusqu'au moment où les Anglais ont voulu les asservir. C'est aussi le tableau continuel des travaux, des jouissances et des richesses champêtres, des vertus républicaines * et du bonheur domestique. Voilà ce qui donne tant d'intérêt à la description détaillée de chacune des provinces qui composent aujourd'hui ce qu'on appelle les *Etats-Unis*. L'auteur les fait connaître parfaitement : culture, commerce, gouvernement, usages, polices des villes, mœurs des campagnes, manufactures, navigation, tout est fidèlement représenté. La partie de son ouvrage qui traite des nations sauvages, n'est pas la moins curieuse. On peut en juger par

---

* L'Amérique septentrionale était peut-être le seul pays du globe qui, à l'époque du dix-huitième siècle, fût naturellement républicain, quand tout ce qui en portait le nom ne l'était déja plus. C'est pourtant la révolution d'Amérique qui, par une conséquence *inverse*, fruit de l'ignorance et de l'irréflexion, a fait croire qu'une grande puissance continentale d'Europe pouvait être *démocratisée*. Qu'est-il arrivé ? Cette nouvelle *république* a détruit toutes celles de l'Europe (Raguse excepté,) et probablement sans retour ; car leur dissolution était mûre, hors une seule qui n'a cessé d'être libre que par sa faute et qui peut le redevenir. Ainsi le résultat d'une révolution qui devait *municipaliser la terre et républicaniser le genre humain*, a été précisément l'*inverse* de tout ce qu'elle annonçait. Que de réflexions !...... à l'histoire, à l'histoire.

l'esquisse qu'il nous donne de l'espèce d'éloquence propre à ces hommes qui entourés d'établissemens européens, ont à-peu-près conservé leur originalité et leur énergie. Cette esquisse est le discours prononcé par un sauvage, en réponse à la proposition qu'avait faite un chef des Chéraquis, de demander au congrès des leçons d'agriculture et de civilisation.

La mort de l'abbé Arnaud, qui a suivi de près celle de M. de Pompignan, a laissé deux places vacantes à l'académie française. La première vient d'être donnée à l'abbé Maury; l'autre paraît destinée à M. Target, le plus célèbre avocat du barreau.

Voici de jolis vers que M. Fontanes a adressés à l'auteur de *Galathée*, et la réponse du chevalier de Florian.

Je l'ai lu ce roman que l'amour t'a dicté.
Le sentiment toujours s'y joint à la finesse,
  En conservant la vérité,
  Ton goût rapproche avec adresse
  L'esprit et la naïveté.
J'adopte avec transport tes douces rêveries.
Si j'embrassais pourtant l'heureux sort des pasteurs,
Je n'irais point du Tage habiter les prairies:

Ses troupeaux sont nombreux, ses rives sons fleuries ;
Mais les tigres * sacrés qu'on nomme inquisiteurs,
   Sont trop voisins des bergeries.
Ah ! pour vivre en berger, pour aimer le hameau,
Aux champs Hélvétiens ** choisissons un asyle.
Là Gessner ton rival sut d'un charme nouveau
   Parer la muse de l'idylle.
C'est là que loin des grands, des prêtres et des rois,
   Sur une montagne écartée,
   Nous pourrons trouver quelquefois
   Des Nisida, des Galathée.
Près d'elle chaque jour les airs les plus touchans
   Retentiront sur ta musette ;
Je suspendrai les miens, et ma voix indiscrète
   N'osera défier tes chants.
La sensible bergère ornera ta houlette
D'un nœud de son corset, et d'une fleur des champs.
Ce présent de l'amour, ce doux prix de la lyre
   Ne te sera point envié ;
Comme ton Fabian, près de toi je n'aspire
   Qu'à l'humble prix de l'amitié.

---

* Ces *tigres*, qu'assurément personne n'a moins excusés que moi, avaient déja les griffes rognées de fort près en Espagne et en Portugal, et l'inquisition d'Italie *n'avait plus d'yeux ni d'oreilles* : c'est un pape qui le faisait dire à Voltaire, et qui disait vrai.

** Oui, vas-y aujourd'hui, et lis auparavant l'*Eloge des cinq hommes*, composé par un rimeur qui se croit un homme, et qui dans de platés *satyres* se fait le censeur des mœurs comme bien d'autres, après avoir été le panégyriste du crime.

Réponse de Galathée à M. DE FONTANES.

Le curé de notre village
Nous repète souvent qu'une bergère sage
Ne doit point écouter les discours enchanteurs
  De ces beaux galans de la ville.
  « Ce langage leur est facile,
Dit-il; « gardez-vous bien de tous ces séducteurs;
» Le doux parler, l'esprit, les manières gentilles,
» Dieu leur a tout donné pour attraper les filles. »
Notre curé dit vrai : vous me le prouvez bien.
Vos vers seront toujours gravés dans ma mémoire ;
  Mais jamais je ne croirai rien
  De ce qu'ils disent à ma gloire.
J'aimerais à vous voir habitant de nos bois ;
  Mais je craindrais que ma musette
Ne pût accompagner votre brillante voix.
  Mon père dit que la trompette
Célèbre dans vos mains les héros et les rois,
  Et que votre Muse savante,
  En expliquant d'utiles vérités,
Embellit la raison, et toujours triomphante,
Prouve que *tout est bien*, du moins quand vous chantez.
La campagne pour vous ne serait que stérile :
Le laurier n'y vient point : vous devez vivre ailleurs.
Nous vous applaudirons de notre obscur asyle,
  Et quand nous irons à la ville ;
Je vous apporterai des couronnes de fleurs.

LETTRE CCXIV.

L'ouvrage de M. Necker sur les finances a produit une sensation si vive et si générale, que je crois devoir laisser en arrière quelques autres objets sur lesquels je reviendrai, pour parler plutôt de cet important ouvrage, qui fera époque de plus d'une manière. C'est la première fois qu'on a mis sous les yeux de la nation et du monde entier le tableau des richesses et des charges de ce grand royaume, et qu'en montrant toutes les ressources, on n'a dissimulé aucun des abus et des vices de son administration. C'est aussi la première fois qu'un ministre des finances a révélé un secret de cette importance, et a montré ce talent pour écrire. Ce livre qui est en trois volumes *in*-8.º, est non-seulement d'un administrateur, mais encore d'un écrivain éloquent. Son style est noble, animé, par-tout où il abandonne le calcul pour montrer le bien à faire et le mal a réformer. Aussi a-t-il donné beaucoup d'humeur à tous ceux qui ont intérêt à ce que le mal continue et que le bien ne se fasse pas.

De plates réfutations et de mauvaises satyres se sont répandues, lorsqu'à peine le livre était connu. Mais excepté cette classe d'hommes dont l'improbation en ce genre est un suffrage de plus, la nation entière a accueilli ce grand et bel ouvrage avec admiration et reconnaissance, et si l'on vient à s'occuper de réforme et d'amélioration, c'est le livre de M. Necker qu'il faudra prendre pour guide. Il a cet avantage de ne point proposer de partis extrêmes : il n'indique que des remèdes faciles, des opérations graduelles, modérées, analogues à l'esprit du gouvernement et au caractère de la nation, et dont le résultat évident est qu'on peut soulager beaucoup le peuple sans appauvrir le monarque. Ce n'est pas sans étonnement qu'on apprend, en lisant M. Necker, que le roi de France tire de ses états cinq cent quatre-vingt-cinq millions, dont cinq cents entrent dans ses coffres, après avoir déduit les frais de perception et de saisie. Il n'y a point de monarque au monde qui ait un revenu aussi considérable, et dont le paiement soit aussi assuré. Ceux qui ont imaginé de faire un crime à M. Necker d'avoir révélé ce qu'ils appellent le secret de l'état, lui ont fait un étrange reproche. Il n'y a, ce me semble, qu'un seul danger à divulguer un pareil secret : ce n'est pas de faire voir aux autres nations combien la France est puissante ; c'est d'appuyer le funeste raisonnement que l'on fait ici tous les jours, savoir qu'avec de si prodigieuses ressources on peut faire impunément beaucoup de fautes, et que ce n'est pas la peine de remonter une machine si forte qu'elle ne peut jamais être détruite. Mais heureusement pour M. Necker, on n'avait pas attendu son livre pour raisonner et agir sur un si mauvais principe.

Le ministère des finances est si étendu dans un pays comme le nôtre, qu'il tient à presque tous les objets, et c'est ce qui fournit à l'auteur l'occasion de parcourir toutes les parties de l'administration. Il n'en est aucune sur laquelle il ne donne des idées qui peuvent être utiles. Il traite successivement des contributions des peuples, des frais de recouvrement, de la population du royaume, de la nature des impositions, de leur disproportion dans la régie des gabelles, l'un des plus grands fardeaux qui accablent le peuple, et des moyens d'y remédier, des tributs du clergé, des administrations provinciales dont il a été le fondateur et de tout le bien qu'elles peuvent faire, de la balance du commerce, des monnaies, du numéraire de la France, du luxe, des impôts connus sous le nom de droits de traite et de péage dans l'intérieur du royaume, autre abus à corriger, des ennoblissemens, des hôpitaux, des prisons, de la circulation et du crédit, des intendances, de la guerre, etc. On sent quel fonds d'instruction peut résulter d'un plan si vaste, et il y avait long-temps qu'on ne nous avait donné un écrit si substantiel.

Quoiqu'en général sa manière d'écrire mérite beaucoup de loüanges, elle n'est cependant pas à beaucoup près exempte des défauts qui peuvent prêter à une très-juste critique. Sa diction est trop souvent incorrecte et néologique, abstraite et embarrassée ; son ton est volontiers emphatique ; il y a des comparaisons recherchées, des figures déplacées, etc. Par exemple, il commence ainsi le chapitre de la guerre : « Ah ! que
» j'étais impatient de traiter ce sujet !
» Ah ! que mon cœur avait besoin de se
» répandre sur les maux attachés à cette
» effrayante calamité ! » Je ne sais si je

me trompe; mais une pareille exclamation
me semble étrangement déplacée. Il y a là
une affectation de mouvemens oratoires ou
même poétiques, qui ne convient point
du tout à un homme public, traitant un si
grand sujet. Supposons qu'il eût dit simplement : « j'étais impatient de traiter ce
» sujet, mon cœur avait besoin de se répandre, etc. ». ce ton eût été du moins
plus convenable : il n'y avait pas moins de
sentiment et il y avait plus de mesure. Il
n'y a guères qu'un rhéteur qui commence
un chapitre par une exclamation. Il faut
que les figures passionnées soient naturellement amenées et proportionnées, non-seulement au sujet, mais au caractère de l'homme
qui écrit.

Un autre reproche que l'on fait généralement à M. Necker, mais que peut-être on
lui fera moins ailleurs que parmi nous,
c'est d'avoir montré par-tout le sentiment
de son mérite, et la conscience du bien
qu'il a fait, et c'est dans ce pays ce qu'on
pardonne le moins. On pourrait dire pour
le justifier que c'est un étranger, un ministre
disgracié qui a succombé sous les efforts
d'une cabale ennemie, et qu'il était bien dif-

ficile que le tableau de son administration ne fût pas sous sa plume une apologie ou un éloge *. On peut ajouter qu'un sentiment qui se manifeste autant que celui de sa supériorité, c'est le desir ardent qu'il avait d'obtenir une grande gloire en devenant le bienfaiteur d'une grande nation. Ce desir exprimé souvent avec une sensibilité noble et franche, n'est pas, ce me semble, un de ces sentimens qu'il soit besoin de cacher. Il va plus loin : il avoue ingénuement tout le regret qu'il a que la perte de sa place l'ait mis hors d'état d'achever son ouvrage ; mais il faut en convenir, ce n'est pas parmi nous que ce ton pouvait réussir. C'est dans Rome ou dans Athènes qu'il était permis aux hommes de s'évaluer eux-mêmes, afin de prendre

---

* Il est devenu si commun de confondre ces deux mots dont le sens est très-différent, *éloge* et *apologie*, que je crois remplir un devoir académique en avertissant qu'*apologie* n'est nullement synonyme d'*éloge*, et ne signifie uniquement que *justification*. Il m'est arrivé non pas tout-à-fait avec un homme de lettres, mais avec un auteur qui n'était pas sans mérite, de ne pouvoir le convaincre sur le mot *apologie* qu'en ouvrant le dictionnaire, et il parut confondu d'étonnement.

leur place; mais dans un gouvernement tel que le nôtre, chez une nation si vaine et si attachée à ses conventions sociales, la vanité des petites choses est la seule permise, parce qu'elle est à la portée de tout le monde, et l'orgueil des grandes choses est défendu, parce qu'il appartient à trop peu d'hommes.

LETTRE CCXV.

1785.

L'AVENTURE de l'anglais Asgill qui a fait tant de bruit dans la dernière guerre, lorsque Washington voulut le faire périr par représailles des cruautés atroces exercées envers les prisonniers américains, et n'accorda sa grâce qu'aux sollicitations de la reine de France, a fait naître à M. de Sauvigny l'idée de composer un drame sur ce sujet, en changeant les noms : il a intitulé son ouvrage *Abdir*. La pièce est en quatre actes et en vers ; elle a été jouée avec fort peu de succès ; les deux derniers actes sur-tout ont été fort mal accueillis. Ce sujet semble annoncer d'abord une situation intéressante ; mais elle a un grand inconvénient au théâtre, c'est qu'il est très-difficile de la varier. On n'a pas trouvé non plus que l'auteur eût bien établi les caractères de ses personnages, ni qu'il les eût fait parler convenablement. Le style est souvent celui de la comédie, et jamais il ne s'élève à la noblesse et à l'énergie tragique, quoique la situation semble l'exiger. On n'y a pas remarqué une beauté,

T..

et cette production va mourir, comme tant d'autres, après quelques représentations mendiées.

Alexis et Justine, opéra comique du comédien Monvel, n'a pas eu beaucoup plus de succès aux Italiens, malgré le jeu inimitable de Mme Dugazon, et les morceaux charmans qu'on a applaudis dans la musique de Désaides. Le reproche le plus général que l'on fasse à l'auteur, c'est que son sujet est absolument celui de *Félix*, opéra comique de Sedaine, froidement reçu dans sa nouveauté, mais qui a repris faveur depuis, grâces à la musique de Monsigny. Peut-être celle de Désaides pourra procurer quelque jour le même bonheur à la pièce de Monvel. Les résurrections sont encore plus fréquentes au théâtre italien qu'ailleurs.

On court actuellement à l'opéra voir une très-plate farce à grand spectacle, à grand tintamarre, et à petite musique, quoiqu'elle soit de Grétri, *Panurge dans l'île des Lanternes*, sujet de Rabelais, paroles de Morel *.

---

* Je ne saurais souffrir, je l'avoue, de voir nos grands acteurs de l'opéra travestis en bouffons, et ce théâtre n'est point fait pour les farces. *Est locus unicuique suus.*

L'abbé Maury a pris séance à l'académie le 27 janvier. Son discours est d'un rhéteur qui veut tout agrandir, tout amplifier, tout alonger. L'éloge de son prédécesseur Pompignan est hors de toute raison, tant pour l'espace qu'il occupe que pour la nature des louanges que le récipiendaire lui prodigue. Il lui donne le titre d'*illustre* : l'épithète est forte pour un homme qui n'a jamais été qu'un érudit, et un écrivain médiocre dans ce qu'il a fait de mieux, et fort au-dessous du médiocre dans tout le reste. A propos de la sortie qu'il fit contre les gens de lettres le jour de sa réception, et qui l'exila de l'académie pour le reste de ses jours, l'abbé Maury dit : « Je sépare à vos yeux les talens qui ont *illustré une vie toute entière*, d'une erreur inexcusable qui en a obscurci le plus beau jour..... Je porte tous *ses succès* en tribut à votre gloire. » Quels sont donc *tous ces succès ?* Celui de *Didon* est le seul, absolument le seul que l'on puisse citer dans une vie de quatre-vingts ans. Voilà comme les discours académiques, à force de vouloir tout enfler, rappetissent tout; voilà comme la louange n'a plus de valeur. Pourquoi s'est-on mis dans la tête que celui qui remplace un académicien, doit le louer en tout et outre mesure? C'est un moyen sûr pour que les éloges académiques ne soient regardés que comme des exagérations convenues qui n'ont aucune sanction et ne prouvent rien, si ce n'est qu'on a rempli sa tâche.

Ailleurs M. l'abbé Maury *se représente l'ombre de M. de Pompignan attendant de ses mains les dernières palmes qui doivent le couronner.* On ne dit point de soi-même qu'on donne des *palmes*; c'est blesser les convenances; et ce sont de plaisantes *palmes* que quelques phrases de M. l'abbé Maury en l'honneur de M. de Pompignan : c'est abuser un peu de la métaphore. Il abuse encore plus des fonctions de panégyriste, lorsqu'il reconnaît dans les odes sacrées de Pompignan un *beau caractère de poésie*; une élocution *abondante, animée,* correcte, une versification *toujours pure,* et ordinairement *coulante et harmonieuse.* Un homme de goût l'interromprait et lui dirait : qui vous oblige de mentir? Vous êtes libre de choisir les objets de vos éloges, et de vous taire sur le reste. Pourquoi venir nous dire sur ces poésies tout le contraire de la vérité? Le caractère général qu'on y remarque, c'est la sécheresse ; c'est le défaut d'harmonie ; c'est le prosaïsme ; c'est la monotonie des formes du style. L'auteur connaît peu la période lyrique ; il blesse à tout moment l'oreille et le goût par des chûtes désagréables et des expressions faibles ou impropres. En un mot, à quelques strophes près, il est très-difficile à lire. Voilà la vérité ; vous n'étiez pas forcé de la dire : mais rien ne vous forçait non plus à vouloir nous en imposer.

La diction de l'abbé Maury dans son discours est en général assez saine ; elle est d'un homme qui a étudié les bons auteurs et qui souvent aussi s'en souvient trop, et se sert sans scrupules de leurs idées et même de leurs expressions. Mais on peut encore lui reprocher du mauvais goût et de faux jugemens : il est ridicule, par exemple, de dire d'un homme qu'il *est entré dans la postérité*. Voilà le néologisme à la mode ; voilà l'abus du style figuré : comment se représenter un homme *entrant dans la postérité ?* Il dit d'Eschyle qu'il est le plus *tragique des Grecs*. Rien n'est plus faux : le noir et l'horrible ne sont point le tragique : Eschyle l'est beaucoup moins qu'Euripide et Sophocle; car il a beaucoup moins de pathétique, et c'est là l'ame de la tragédie. Qu'il est rare et difficile de ne pas confondre les idées et les expressions!

M. le duc de Nivernois a répondu au récipiendaire en homme qui connaît beaucoup mieux les convenances. Il loue Pompignan avec beaucoup plus de justesse et de réserve, et son discours est d'un esprit fin, juste et délicat. Il a sur-tout saisi un moyen de louer l'abbé Maury d'une manière intéressante, à propos de la statue que le gouvernement vient de décerner à S. Vincent-de-Paule, d'après le panégyrique de ce saint que l'abbé Maury a prononcé aux Invalides. Ce discours fait beaucoup d'honneur à son talent, et la statue décernée à son héros est un hommage rendu à l'humanité, dont S. Vincent-de-Paule a été un des plus illustres bienfaiteurs.

M. de Champcenêts, officier au régiment des gardes françaises, connu par une tournure d'esprit maligne et satyrique qui lui a attiré plus d'une fois l'animadversion du gouvernement, vient de faire des couplets fort gais, qui heureusement n'attaquent personne, et dont bien des gens dans ce

pays-ci trouveront la morale fort à leur
gré.

De Louvois * suivant les leçons,
Je fais des chansons et des dettes ;
Les premières sont sans façons ;
Mais les secondes sont bien faites.
C'est pour échapper à l'ennui
Qu'un homme prudent se dérange.
Quel bien est solide aujourd'hui ?
Le plus sûr est celui qu'on mange.

Eh ! qui ne doit pas maintenant ?
C'est la mode la plus constante ,
Et le plus petit intrigant
De mille créanciers se vante.
En vain ces derniers sont mutins ;
Jamais leur nombre ne m'effraie.
Ils ressemblent tous aux catins ;
Plus on en a , moins on les paie.

Mais avec un peu de gaîté,
Tout s'excuse, tout passe en France **.

_____

* Un de ses amis et compagnons.

** Vrai et trop vrai, quoiqu'en chanson, et cette *gaité* a fini par produire autre chose que des chansons. Ce malheureux jeune homme qui périt sur l'échafaud pour avoir aussi chansonné la révolution, dut s'appercevoir trop tard que les révolutionnaires n'étaient pas *gais* de cette façon-là, quoiqu'ils eussent bien aussi leurs *gaités*, leurs *fêtes*, leurs *chansons*, qui prouveront que rien n'empêche que l'enfer n'ait aussi ses *gaités*, ses *chansons* et ses *fêtes* : malheureusement il n'a pas de *journaux* pour en rendre compte. O les *journaux* ! les *journaux* ! ô justice du temps ! ô justice du ciel ! vous arriverez.

Dans le sein de la volupté,
Peut-on songer à la dépense ?
Vieux parens, en vain vous prêchez ;
Vous êtes d'ennuyeux apôtres.
Rappelez-vous donc vos péchés,
Pour être indulgens sur les nôtres.

LETTRE CCXVI.

Si jamais on a dû se flatter de connaître à fond la constitution du gouvernement des Turcs, leurs mœurs, leurs loix, leurs usages, c'est sans doute dans les *Mémoires* de M. le baron de Tott, homme instruit et éclairé, qui chargé à la Porte d'un ministère de confiance, a été à portée pendant plus de vingt ans de voir mieux et de plus près que qui que ce soit de ceux qui l'ont précédé. Aussi ces *Mémoires* qui ont paru, il y a quelques mois, ont-ils excité une grande curiosité d'après le nom et la réputation de l'auteur; cependant il ne paraît pas qu'il ait rempli l'attente du public. Ce sont plutôt ses propres *Mémoires* qu'il nous a donnés, que le tableau que l'on attendait d'une nation jusqu'ici mal connue, malgré son voisinage et nos continuels rapports avec elle. Le livre de M. de Tott qui est en quatre volumes, n'a ni plan ni méthode, et n'approfondit rien. Il est plus curieux qu'instructif; on y trouve beaucoup de traits particuliers qui caractérisent plus ou moins la nation turque; mais il ne nous fait point connaître l'ensemble et les ressorts de ce singulier gouvernement, et n'en donne pas à beaucoup près une idée claire et complète. Le résultat de tous les faits détachés et relatifs à lui, qu'il rapporte dans son ouvrage, offre la plus méprisable anarchie, jointe au plus odieux despotisme, le dernier excès de l'ignorance, de la stupidité et de la barbarie, et il n'y a point de lecteur qui ne soit tenté de lui dire après l'avoir lu : mais si tout cela est comme vous nous le dites, comment ce gouvernement inconcevable peut-il subsister ? Montrez-nous donc le contre-poids de tant d'abus, et le remède ou le palliatif de tant de maux politiques; car il faut bien, suivant la nature des choses humaines, qu'il y en ait un. C'est précisément ce que l'auteur n'explique point : il paraît plus occupé de lui que de son sujet; il se met toujours en scène d'une manière piquante; mais il est toujours la principale tête du tableau; le reste est dans l'ombre. Il y a plus; il raconte plusieurs anecdotes qui par elles-mêmes sont inexplicables, si elles ne tiennent pas à quelques coutumes, à quelques loix, et il ne se donne pas la peine de nous en rendre compte : il semble qu'il ait voulu étonner son lecteur plutôt que l'instruire. Joignez à ce défaut essentiel ceux du style qui manque souvent de clarté et de précision. Il cherche le tour épigrammatique et le trait, et il en résulte de l'obscurité dans son style. Les constructions louches, embarrassées, équivoques, le néologisme, le mauvais goût, l'incorrection gâtent cet ouvrage, qui pourtant est celui d'un homme d'esprit, et où il y a des morceaux très-bien traités, particulièrement celui de l'incursion des Tartares dans la nouvelle Servie.

M. de Tott suivit Krim-Gueray dans cette expédition, et il trace un portrait intéressant de ce prince, qu'il peint comme fort supérieur à sa nation, ayant beaucoup d'esprit naturel, un sens droit et une sorte de philosophie. Qui croirait, par exemple, qu'un Kan des Tartares fût mort précisément comme Pétrone. C'est pourtant ainsi que finit Krim-Gueray, si l'on en croit M. de Tott. « J'entrai dans l'appartement où
» le Kan était couché : il venait de terminer
» différentes expéditions avec son Divan-
» Effendi. En me montrant les papiers qui
» l'environnaient, voilà, dit-il, mon dernier

» travail, et j'y ai destiné mon dernier mo-
» ment. Mais s'appercevant bientôt que les
» plus grands efforts ne pouvaient vaincre la
» douleur qui m'accablait, séparons-nous,
» ajouta-t-il, votre sensibilité m'attendrirait,
» et je veux tâcher de m'endormir plus gaie-
» ment. Il fit signe alors à six musiciens ran-
» gés au fond de la chambre de commencer
» leur concert, et j'appris une heure après
» que ce malheureux prince venait d'expirer
» au son des instrumens. » M. de Tott paraît
convaincu que Krim-Gueray fut empoi-
sonné par un médecin grec.

Une conversation qu'eut M. de Tott avec
ce même Kan, à l'occasion d'une comédie
turque qu'il venait de voir représenter, fait
sentir combien ce prince avait le jugement
sain. « Krim-Gueray me fit pendant la pièce
» beaucoup de questions sur le théâtre de
» Molière dont il avait entendu parler. Ce
» que je lui dis des bienséances dramatiques,
» et des convenances qui s'observent sur nos
» théâtres, lui donna du dégoût pour les pa-
» rades auxquelles les Turcs sont encore
» réduits. Il sentit de lui-même que *Tar-*
» *tuffe* était préférable à *Pourceaugnac*;
» mais il ne put concevoir que le sujet du

» *Bourgeois gentilhomme* existât dans une
» société où les loix ont fixé les différens
» états d'une manière invariable, et j'aimai
» mieux lui laisser croire que le poëte avait
» tort, que d'entreprendre de le justifier en
» lui présentant le tableau de nos désordres.
» Mais si personne (ajouta-t-il) ne peut
» tromper sur sa naissance, il est aisé d'en
» imposer sur son caractère. Tous les pays
» ont leurs tartuffes ; la Tartarie a les siens,
» et je désire que vous me fassiez traduire
» cette pièce. »

Krim-Gueray avait de l'humanité : elle est toujours la suite des lumières. Il détestait la cruauté des Turcs, toujours prêts à répandre le sang sans nécessité, et cet usage barbare de porter en trophée les têtes coupées de leurs prisonniers. Il contenait sévèrement les maraudeurs sur les terres de ses alliés. M. de Tott en raconte un exemple frappant, mais qui l'est encore bien davantage, si on le considère comme le modèle du dernier degré de l'obéissance passive où le despotisme puisse accoutumer les hommes.

On trouve des particularités très-curieuses dans la partie de ces *Mémoires* qui concerne les instructions militaires que le baron de

Tott était chargé de fournir aux Turcs dans la guerre contre les Russes. Il parle du sultan Mustapha avec beaucoup d'estime, et le représente comme très-supérieur par les lumières à tous ses ministres, quoique toujours trompé, sur-tout par une suite nécessaire de cette ignorance invincible attachée au despotisme, condamné à ne savoir jamais rien que ce qu'on veut bien lui dire.

L'auteur paraît avoir eu grande part à la confiance de ce monarque qui le considérait extrêmement. Il rapporte un mot de Mustapha, fort ingénieux, et où l'on reconnaît la tournure orientale. Il disait à son visir, homme fort indolent : « Savez-vous la différence qu'il y a entre Tott et vous ? Quand il est venu au monde, il s'est mis à courir et court encore : vous, vous êtes tombé sur votre cul et vous y êtes resté. »

LETTRE CCXVII.

La réception de M. Target, qui a eu lieu le 10 de ce mois, a été brillante. C'était un événement remarquable en lui-même : il y avait plus de cent ans qu'aucun avocat n'avait été reçu à l'académie française. Ce n'est pas que le Normand, Cochin, Gerbier et quelques autres n'eussent assez de réputation pour y prétendre à titre d'orateurs ; mais ils avaient été retenus par la crainte d'exciter la jalousie de leurs confrères, dans un ordre très-délicat et très-susceptible, où cette jalousie peut être plus dangereuse que partout ailleurs. Aussi M. Target, avant de faire aucune démarche, a eu soin de prendre l'avis d'un certain nombre des plus anciens avocats. Cette déférence et la considération personnelle dont il jouit, ont fait oublier les vieux préjugés de corps, et tout le barreau est venu à l'académie partager le triomphe du récipiendaire. Son discours a été fort goûté et méritait de l'être : il est écrit de manière à justifier assez le choix de l'académie, en faisant voir qu'un grand avocat est fait pour être un bon écrivain. Il est vrai que le sujet qu'il traitait n'est guères par lui-même qu'un lieu commun assez usé : c'est un résumé des différentes révolutions que l'éloquence a éprouvées chez tous les peuples. Ce sujet a été traité cent fois; mais du moins le nouvel académicien l'a rajeuni, autant qu'il était possible, par la rapidité de ses exposés et la marche lumineuse de son discours; par l'adresse qu'il a eue de placer l'éloge de son prédécesseur au milieu de ses réflexions sur l'éloquence; par le ton noble et intéressant dont il a parlé de lui-même et de la profession d'avocat. Tout cela prouvait un homme supérieur à sa matière, et un esprit juste qui sent les convenances. Il caractérise aussi avec beaucoup de justesse le genre d'éloquence qui convient au barreau.

Le nouvel académicien ne pouvait pas tirer un grand parti de l'éloge de son prédécesseur. L'abbé Arnaud était un homme d'esprit et de goût, un amateur plutôt qu'un écrivain; il n'était guères connu que par quelques morceaux de critique plus ou moins estimables. M. Target en a rappelé plusieurs en les faisant valoir le plus qu'il lui était possible; mais il a eu le bonheur de trouver une anecdote aussi singulière qu'intéressante, et qui fait honneur à la mémoire de l'abbé Arnaud.

Le duc de Nivernois, faisant encore les fonctions de directeur, à la place de l'archevêque de Toulouse, a répondu à mon gré beaucoup moins heureusement qu'à l'abbé Maury. Son discours m'a paru fort médiocre, et rempli de choses aussi communes pour le fond que pour le style. Il n'en a pas été moins bien accueilli du public, toujours plus disposé à l'applaudir qu'à le juger, et il faut avouer qu'il y a bien des raisons pour justifier cette indulgence.

Voici une chanson d'un vieillard épousant une jeune femme, qui m'a paru assez jolie.

> Bon soir, ma jeune et belle amie,
> Il est minuit, séparons-nous.
> Je suis si vieux, vous si jolie!
> Ce n'est pas l'instant d'être époux.
>
> A minuit cachez-moi vos charmes;
> Je craindrais d'outrager l'amour.
> Depuis que j'ai perdu ses armes,
> Mon bonheur fuit avec le jour.
>
> A mon âge, avec un cœur tendre,
> Si l'on peut encor bien rêver,
> Puisse un heureux songe me rendre
> Le bien dont je dois me priver.

V..

Demain vous revoyant plus belle,
Et me rappelant mon erreur,
Je me dir*ai* *, *oui*, c'était elle,
Et j'ai connu le vrai bonheur.

O vous, ma femme et mon amie,
Que je ne puis assez chérir,
Il faut dans l'hiver de la vie,
Il faut ou rêver ou mourir.

---

* *Hiatus.*

LETTRE CCXVIII.

Le prodigieux succès de *Figaro*, suspendu à la soixante-quatorzième représentation, par la maladie d'un acteur, a été suivi d'un événement tout aussi remarquable que ce succès même ; car il semble que tout ce qui a rapport à Beaumarchais doive être extraordinaire. Il a été arrêté la nuit par un ordre particulier du roi et conduit à S. Lazare. Il est bon d'observer que S. Lazare est une maison de correction, où l'on enferme pendant quelques mois les jeunes gens qui ont fait des sottises un peu graves. A leur âge, cela est assez sans conséquence ; mais une prison de cette espèce pour un homme de 55 ans, est une flétrissure, et ce qui peut être est pis parmi nous, un ridicule. Comme Beaumarchais a une foule d'ennemis, et que d'ailleurs notre bon public est toujours ravi de voir un homme humilié au milieu d'un grand succès, le premier jour c'était une joie universelle, et l'on s'est égayé aux dépens du pauvre prisonnier, par des couplets, des estampes, des pamphlets, etc. Le second jour on a commencé à demander pourquoi il était là, et les causes de sa détention étant encore inconnues, chacun s'est épuisé en conjectures. Le troisième jour on a fait des réflexions; le quatrième on a appris qu'on venait de le tirer de sa prison, ce qui a paru aussi singulier que tout le reste. Depuis ce temps, Beaumarchais se tient renfermé chez lui et ne veut voir personne : il travaille, dit-on, à un mémoire pour le roi. Tout Paris s'est occupé de cet événement beaucoup plus que de la querelle de l'Empereur et des Hollandais. C'est le sujet de beaucoup de discours : je me borne à rapporter les faits.

Les deux dernières séances publiques de l'académie française se sont fait aussi remarquer par une sorte de scandale dont il n'y avait pas encore eu d'exemple. Le jour de la réception de l'abbé Maury, M. Gaillard a commencé la lecture d'un morceau sur Démosthène. Il faut convenir que ce morceau était plus fait pour être lu dans un collège qu'à l'académie. L'auteur y rapportait avec une sorte d'emphase des faits connus de tout écolier de troisième, et malheureusement son débit ajoutait beaucoup au ridicule de la composition : il avait un peu le ton d'un régent dans sa classe. Cela n'a pas duré long-temps : il n'avait pas lu deux pages que les murmures, les risées, les huées en vinrent au point de l'interrompre absolument. Il se trouva mal; on fut obligé de le conduire hors la salle, et on leva la séance.

Cette scène très-désagréable donna lieu à beaucoup de réflexions, qui malheureusement venaient un peu tard. On observa que le public que l'académie invite volontairement à ses assemblées, ne doit y porter ni les mêmes droits ni les mêmes dispositions qu'au spectacle, où il paye en entrant la liberté de manifester toutes ses impressions; qu'à l'académie les gens de lettres sont chez eux, et qu'il est contre les bienséances sociales, quand on a été invité dans une maison, d'en insulter les maîtres, comme il serait indécent de siffler à un spectacle de société. Tout cela est très-vrai ; mais il fallait se souvenir aussi que quand on a laissé le public en possession de témoigner son plaisir par des battemens de mains, on ne l'empêche pas aisément de marquer aussi son mécontentement par des murmures: l'un est la suite de l'autre, et rien n'est si voisin des applaudissemens que les sifflets. Il aurait donc fallu originairement ne pas laisser introduire à l'académie l'usage d'applaudir comme au spectacle, et s'en tenir au gros bon sens de l'abbé d'Olivet, qui disait fort bien : *Messieurs, à la comédie on bat des mains ; à l'académie on écoute*. Mais aujourd'hui que le public est dans l'usage d'applaudir partout, même chez le roi, il serait d'autant plus difficile de lui ôter cette liberté, que c'est la seule dont il jouisse. Il est sous ce seul rapport le maître par-tout où il est ; sa force est en raison de sa masse, et vouloir qu'il n'en abuse jamais, c'est demander aux hommes plus qu'on ne doit en attendre.

Cependant l'abbé de Boismont a cru pouvoir lui faire entendre raison, et à la réception de M. Target, il a lu des *réflexions sur les assemblées littéraires*. Peut-être eût-il été possible, avec beaucoup de sagesse dans les idées et de mesure dans les expressions, en prenant le public lui-même pour juge de ce qu'il se doit et de ce qu'il doit à la première compagnie littéraire, rassemblée dans le sanctuaire des lettres et des arts ; peut-être, dis-je, eût-il été possible de lui faire goûter des leçons qu'après tout personne n'est obligé de prendre pour soi. Mais l'abbé de Boismont s'y est mal pris ; son discours était tout entier sur le ton de la plaisanterie, et cette plaisanterie était le plus souvent de fort mauvais ton. C'était un amas d'épigrammes, de quolibets, de calembourgs; il prétendait persiffler le public, et le public l'a sifflé ; mais plus ferme que M. Gaillard, il a fait tête à l'orage et a fini sa lecture.

Depuis cette nouvelle déconvenue, on a pris le seul parti raisonnable qu'il y eût à prendre ; c'est de veiller à ce qu'il y eût désormais dans une assemblée publique moins de foule et de cohue, de restreindre le nombre des billets qui excède toujours celui des places, et de n'en distribuer que ce qu'il en faut pour que tout le monde soit assis ; car ordinairement c'est la foule qui occasionne le désordre, et le scandale se cache dans la foule. Avec ces précautions prises, c'est à chacun des académiciens à prendre garde à ce qu'il voudra lire en public.

Le roi vient d'augmenter le poids de nos jetons académiques qui ne valaient guères plus de trente sous, et de les porter à un écu. Cette opération a paru d'autant plus juste qu'elle est proportionnée à la valeur actuelle du marc d'argent qui ne valait que vingt-sept francs du temps de Louis XIV, et qui en vaut aujourd'hui cinquante-six au titre. Il est donc clair que le roi ne donne guères à l'académie que la même quantité d'argent au poids qu'il en donnait au temps de la fondation.

L'académie a disposé du prix d'encouragement fondé par M. de Valbelle, et qui consiste dans une médaille de douze cents livres, en faveur de M. de Murville qui a remporté, il y a quelques années, le prix de poésie, jeune homme sans fortune, et qui a montré quelques germes de talent pour la versification.

On a joué au théâtre italien avec beaucoup de succès la *Femme jalouse*, pièce en cinq actes et en vers, de M. Desforges, auteur de *Tom-Jones à Londres*. Ce nouvel ouvrage est un drame où il y a quelque intérêt, et n'est pas une bonne comédie. Il y a dans le sujet un vice radical : la jalousie de la femme est fondée sur des apparences si fortes et si bien justifiées, qu'il n'y a pas moyen de lui en faire un reproche. Ainsi le but moral est manqué; mais ces apparences produisent des situations qui ont de l'effet au théâtre. Le style est naturel et facile, sans déclamation, sans écarts et sans jargon : c'est beaucoup aujourd'hui. Il est vrai qu'il y a peu de vers heureux, peu de vers de comédie, et l'on attendait davantage de l'auteur de *Tom Jones*. Les caractères d'ailleurs sont dessinés avec vérité, et la pièce marche bien.

Au théâtre français on a remis la *Coquette corrigée*, de Lanoue. Cette pièce a été beaucoup mieux accueillie qu'elle ne l'avait encore été, et c'est une nouvelle preuve que ce sont les acteurs qui font au théâtre le sort des pièces. La figure et l'esprit de Mlle Contat vont parfaitement au rôle de la *Coquette*; aussi le joue-t-elle de manière à faire oublier les défauts de l'ouvrage. Il n'y a ni intrigue, ni comique, ni mœurs; car celles de la pièce ne sont nullement celles du monde. Le rôle principal est plutôt celui d'une effrontée que d'une coquette : si l'auteur eût étudié la Célimène du Misantrope, il aurait vu ce que c'est qu'une coquette de bonne compagnie. Le style est souvent guindé, entortillé et infecté de jargon ; mais tout le monde a retenu deux vers excellens sur la conduite qu'il convient de tenir avec une femme dont on a à se plaindre :

Le bruit est pour le fat, la plainte est pour le sot ;
L'honnête homme trompé s'éloigne et ne dit mot.

LETTRE CCXIX.

Il n'a rien paru de nouveau sur les trois théâtres depuis la rentrée, si ce n'est une comédie en cinq actes et en vers, intitulée les *Deux Frères*, jouée par les comédiens français, qui a eu bien de la peine à être achevée et n'a pas reparu. L'auteur, M. de Rochefort, de l'académie des inscriptions, n'est pas plus fait pour réussir au théâtre que pour traduire Homère. C'est un écrivain de la plus infatigable médiocrité, qui a pris, on ne sait pourquoi, la peine de traduire en vers l'*Iliade* et l'*Odyssée*, croyant apparemment qu'il suffisait d'être savant en grec pour être poëte en français. Il a fait plus; il a entrepris une tragédie d'*Electre*, quoique nous en ayons deux au théâtre, une de Crébillon, où il y a de belles scènes, une de Voltaire, qui est une belle pièce. M. de Rochefort qui ne doute de rien, en a fait imprimer une nouvelle, et menace même de la faire représenter; et peut-être aura-t-il le malheur d'en venir à bout, comme cela lui est arrivé pour ses *Deux Frères*, que les comédiens n'ont joués que malgré eux.

Les *Noces de Figaro* paraissent enfin avec la fameuse préface tant annoncée. Ce morceau est comme tout ce qu'écrit Beaumarchais, d'un style bizarre et inégal, tantôt ingénieux, tantôt ridicule. C'est une vivacité d'esprit qui le jette dans des saillies burlesques, et un amour du style figuré qui va jusqu'au plus mauvais goût. Quant à la thèse qu'il y soutient, que son ouvrage n'est point immoral, il répond fort bien aux objections qu'il se fait, parce que ce sont les plus faibles qu'il a soin de choisir; mais il se garde bien de dire un mot de celles qu'il serait plus difficile de réfuter. Du reste, il se prodigue à lui-même les plus grands éloges, et s'applaudit d'avoir rétabli la *véritable comédie*. Si cela est, celle de Molière n'est donc pas la bonne.

Il ne paraît d'ailleurs aucun ouvrage qui mérite l'attention du public. Toujours force recueils, dictionnaires, abrégés, extraits de livres faits avec des livres, manœuvres de librairie, etc. C'est là le cas de recueillir les bagatelles courantes. En voici quelques-unes de fort gaies sur ce pauvre M.**, autrefois commis, aujourd'hui espèce de parvenu, et auteur de quelques mauvaises farces dramatiques.

CHANSON.

Sur l'air : *Accompagné de plusieurs autres.*

Au bas d'un pont dans un bureau,
M.** visait le numéro
De mes voitures et des vôtres,
Quand il se dit un beau matin :
Je veux faire aussi mon chemin ;
Je le vois bien faire à tant d'autres.

Ma figure dont chacun rit,
Est plate autant que mon esprit.
Quels protecteurs seront les nôtres ?
Mince en tout, comme en revenus,
Grossissons-nous par les *menus*,
Comme on en voit grossir tant d'autres.

Il part, il vient, cherche à Paris
Beautés piquantes à tout prix.
« J'en ai pour vous et pour les vôtres;
J'ai des Hollandaises sur-tout,
Persanne, Anglaise, à votre goût,
Pour les seigneurs et pour les autres. »

Roi des dramatiques tripots,
La Ferté voyant mon héros,
Dit : bon, il faut qu'il soit des nôtres.
Pour mon argent toujours dupé,
Toutes mes catins m'ont trompé :
Allons, M**, cherchez-m'en d'autres.

Voilà M** chef d'opéra,
Traitant la ville et *caetera*.
Ses vins valent mieux que les nôtres ;
Et dans un carosse brillant
Monte ce valet insolent,
Accompagné de plusieurs autres.

Mais c'est bien pis, ce directeur,
Garni d'argent, veut être auteur
Pour ses péchés et pour les nôtres,
Et par-tout fait brocher des airs
Sur vingt actes de mauvais vers,
Qu'il a fait griffonner par d'autres.

Quand on vend si bien du plaisir,
Il faut au moins savoir choisir,
Sur-tout quand il s'agit des nôtres.
Fournisseur de marchés divers,
Quand vous acheterez vos vers,
Ah ! par grâce achetez-en d'autres.

Pourtant votre gloire va bien,
Et vos talens, on en convient,
Ont fait des proverbes modernes.
Pour vous on change de dicton,
Cela brille aujourd'hui, dit-on,
Comme un M** dans des *lanternes*.

Il y a eu depuis quelque temps deux débuts qui ont marqué, l'un à l'opéra, l'autre à la comédie française. Le premier est celui de

M.lle Dozon, jeune actrice dont la voix et le chant donnent les plus grandes espérances; l'autre est celui de M.lle Devienne dans l'emploi des soubrettes. Elle a une figure fort jolie et très-convenable au genre qu'elle a embrassé. Son jeu est facile, sa prononciation nette; elle montre de l'intelligence; elle paraît d'ailleurs dans un moment favorable. M.lles Fanier et Dugazon vont se retirer; M.me Bellecourt ne peut jouer à son âge que les servantes de Molière; il ne reste que M.lle Joly, avec qui la nouvelle soubrette partagera l'emploi tout entier.

LETTRE CCXX.

Toutes les nouveautés des trois théâtres sont tombées les unes sur les autres depuis la rentrée. Aux Français, la débacle a commencé par les *Deux Frères*, de M. de Rochefort; ensuite est venue une autre rapsodie tragique, de M. Dubuisson, empruntée du théâtre allemand, intitulée *Albert et Emilie*, qui a été encore plus mal reçue que les *Deux Frères*; car les acteurs ont été obligés de passer une moitié du cinquième acte pour arriver plus vîte à la fin. Ces deux pièces enterrées, on a annoncé la *Comtesse de Chazelle*, comédie en cinq actes, tirée du roman des *Liaisons dangereuses*. Cette annonce a excité une grande curiosité, parce que la pièce est généralement attribuée à une femme de la cour. La galanterie française ne s'est pas manifestée dans cette occasion, et l'ouvrage a été traité comme s'il n'eût pas été d'une femme. Les murmures ont commencé dès la première scène, et le tumulte a duré pendant toute la représentation. On a pourtant affiché une seconde représentation de la pièce, mais sans fixer de jour, apparemment pour donner le temp à l'auteur de faire des changemens. Nus verrons quel sera le succès de cette secode tentative.

Aux Italiens on a donné un *Théodore* ui n'a guères fait plus de fortune. Enfi a l'Opéra on a joué un *Pizarre*, paroles jne sais de qui, musique de M. Candeille et rien de tout cela n'a prospéré. Il faut oir si cette maligne influence cessera.

Quelques ouvrages d'un genre différnt ont été plus heureux et ont obtenu de estime, par exemple, une traduction des lus beaux morceaux de Pline le naturalite, par un professeur du collège d'Harcort, M. Gueroult. Il y a long-temps qu'il n'tait sorti de l'Université un ouvrage de ce méite, et cette traduction est du très-petit nonbre de celles qui ne nuisent point à l'origial et ne déplaisent pas aux connaisseurs. Les iffé rens morceaux qui la composent sont cloisis avec goût, classés avec méthode. Le style est très-heureusement adapté aux objets qui sont traités, et suppose une égale connaissance des deux langues. Le tout forme un volume de cinq cents pages, très-propre

X..

à donner une juste idée de Pline, auteur dificile à lire de suite, et qui n'est guères étudié que par les gens de lettres.

Une autre production beaucoup moins parfaite dans son genre, mais qui pourtant mérite d'être distinguée par l'importance du sujet et le mérite de plusieurs morceaux, c'est le discours de M. de Lacretelle sur le préjugé qui étend l'infamie du supplice sur toute la famille du coupable. Ce sujet avait été proposé par l'académie de Metz : M. de Lacretelle a remporté le prix. Son ouvrage a le défaut de presque tous ceux d'aujourd'hui ; il est trop long de la moitié, il est souvent d'un ton déclamatoire, d'un goût inégal ; la marche en est lente et lourde ; l'auteur ne sait point dérober ses transitions, et chaque partie de son sujet est annoncée de loin par un long préliminaire. Il y parle aussi trop souvent de lui, la chose du monde qu'il faut le moins se permettre, sur-tout dans es matières générales où l'auteur doit totalement s'oublier. Il paraît ignorer aussi que dans ces sortes de sujets où l'on cherche sur-tout la conviction, l'emphase du rhéteur nuit à l'autorité du philosophe. Il affaiblit même sa cause en ne mettant pas assez de choix dans les moyens qu'il propose pour détruire le préjugé. Il en mêle trop de faibles et de frivoles parmi ceux qui ont un but. Il fallait se borner à deux qui sont définitifs, une loi bien motivée, émanée du trône, et de grands exemples donnés par le prince.

On a publié de nouveaux *Mémoires* sur M. de Voltaire, en deux petits volumes. Le compilateur n'a fait que copier sans choix ce qu'il a trouvé dans d'autres livres, en sorte que ce qu'il y a de vrai est mêlé, suivant l'usage, de beaucoup d'erreurs, de mensonges et de sottises. Il y a pourtant un morceau qui peut donner du prix à cette compilation, parce qu'il est authentique et devenu très-rare. Ce sont des mémoires sur la vie de J.-B. Rousseau, qui sont bien véritablement de la main de Voltaire, et qu'il fit imprimer en pays étranger, dans le temps de ses querelles avec ce fameux lyrique. Le résultat de ces *Mémoires* qui ne contiennent que des faits malheureusement trop vrais et trop prouvés, est affligeant pour ceux qui aiment les lettres ; car il est impossible de se dissimuler, après les avoir lus, que le poëte Rousseau était un homme bien vil et bien méchant.

M. Bitaubé, auteur d'une traduction de l'*Iliade* qui n'est pas sans mérite, vient de donner celle de l'*Odyssée*. Mais soit qu'il l'ait travaillée avec moins de soin et de secours, soit qu'un long séjour en pays étranger ait gâté de plus en plus son style, cette nouvelle version est très-inférieure à la première. Elle est remplie d'expressions impropres, de tournures incorrectes, d'inversions dures, de constructions barbares : c'est un très-mauvais ouvrage. Au reste, Homère n'est pas heureux en traducteurs : il vient encore d'être travesti en prose par M. Gin, et en vers par M. d'Obremez, et tous les deux ont affaibli ou défiguré l'original, comme à l'envi l'un de l'autre.

On s'égaye toujours sur le pauvre M**, pendant que l'on joue toujours son *Panurge*. Il y a dans une des fêtes de cet opéra un tambour énorme sur lequel on frappe continuellement, et qui forme une espèce de basse continue. On a fait à ce propos le quatrain suivant.

> Dans cet opéra, je vous prie,
> Qui frappe avec tant de fureur ?
> C'est le dieu du goût, je parie,
> Qui prend le tambour pour l'auteur.

On a fait une autre plaisanterie en forme de calembourg sur le pas de quatre qui a tant contribué au succès de cet opéra, et où Vestris et Gardel font à l'envi de si grands tours de force. On rappelle le voyage aërien de Blanchard qui a traversé le Pas-de-Calais, et voici les vers :

> Voyez à quoi tient un succès !
> Un rien fait réussir, un rien peut nous abattre.
> Blanchard était perdu sans le Pas-de-Calais,
> Et M** sans le pas de quatre.

J'apprends dans le moment que Mme de Montesson vient de se déclarer l'auteur de la *Comtesse de Chazelle*. Elle a fait le contraire de ceux qui se renferment plus soigneusement que jamais dans l'anonyme, quand ils n'ont pas réussi, et qui ne sont pas fâchés que les soupçons du public se répandent sur d'autres qu'eux. *Je ne veux pas*, a-t-elle dit, *qu'on attribue à d'autres qu'à moi un ouvrage tombé*. Elle l'a retiré du théâtre, malgré Molé qui voulait absolument rejouer la pièce, persuadé qu'il la ressusciterait, comme en effet il en a déja ressuscité plus d'une. Mais il paraît que cette fois-ci ses efforts auraient été inutiles, et que la pièce était sans ressource. Ce qui peut étonner, ce n'est pas que Mme de Montesson n'ait pu faire une bonne comédie en cinq actes et en vers; mais que parmi beaucoup d'ouvrages qu'elle a essayés sur son théâtre, elle ait choisi le plus mauvais pour le donner au théâtre français. En effet, ses autres productions sont plus ou moins faibles ; mais je n'en ai point vu de ridicules, et de l'aveu de tout le monde, celle-ci l'était. Il y a plus; j'ai vu jouer chez elle l'*Amant romanesque*, et je crois qu'avec quelques changemens cette pièce ferait plaisir au public. Du moins Voltaire qui la vit, en jugea de même, et il n'y mettait pas de complaisance. Il faut pourtant avouer qu'il y a entre un succès de société et le grand jour du théâtre, une différence énorme et toujours difficile à calculer.

LETTRE CCXXI.

L'ABBÉ Morellet a été élu pour remplir la place vacante par la mort de l'abbé Millot. Voici en abrégé l'histoire littéraire de ce nouvel académicien. Il commença à se faire connaître, il y a environ trente ans, dans la grande querelle de l'Encyclopédie. Quoique élève de la Sorbonne et licencié en théologie, il s'était attaché au parti des philosophes, ce qui le fit regarder comme une espèce de transfuge, et ce qui ne l'empêcha pas de rester fort lié avec plusieurs membres considérables du clergé qui avaient été ses camarades de licence, tels, par exemple, que l'abbé de Brienne, depuis archevêque de Toulouse, mais entaché lui-même de philosophie.

L'abbé Morellet fit ses premières armes contre Abraham Chaumeix, pauvre diable à qui la cabale janséniste et convulsionnaire donna un moment d'existence, et qui fut le premier enfant perdu détaché pour combattre le *monstre*. C'est ainsi qu'on appelait l'Encyclopédie, qui en effet est bien une espèce de *monstre*, au moins par sa mauvaise

vaise construction. L'abbé fit les *Mémoires d'Abraham Chaumeix*, ouvrage assez plaisant, dans le goût des *Mémoires de Martin Scribler*, de Pope, et qui n'en est pas moins oublié et inconnu aujourd'hui, comme tous les écrits polémiques où il n'y a pas un fond d'instruction, et qui n'ont que le mérite de la satyre. Il attaqua ensuite un ennemi plus célèbre, l'auteur de la comédie des *Philosophes*: c'est contre lui qu'il fit la *Vision*, satyre très-piquante pour laquelle il fut enfermé à Vincennes, parce qu'il avait compromis une femme très-considérable de la cour. Cette petite disgrâce ne le rendit que plus cher au parti dont il était le martyr. On lui fit avoir le privilège du *Dictionnaire du Commerce*, pour lequel il eut un traitement annuel du gouvernement. Il ouvrit une souscription et publia un *prospectus*; mais soit négligence, soit crainte de perdre ses honoraires en finissant sa besogne, depuis plus de vingt ans il en est resté à ce *prospectus*, et il a pris le parti, il y a quelques années, de faire annoncer dans les papiers publics que les souscripteurs qui ne s'accommoderaient pas d'une si longue attente, pouvaient reprendre leur argent. On n'en a pas été

moins mécontent de lui dans le public, et
peut-être avec quelque raison, parce qu'il ne
faut prendre d'engagemens que ceux que l'on
peut remplir. Il est vrai aussi que les ministres
l'occupaient en particulier d'autres travaux :
il a beaucoup écrit dans l'affaire de la compagnie des Indes, lorsqu'il fut question de
l'abolir, et sur les matières économiques,
lorsque M. Turgot était à la tête des finances.
En dernier lieu, quelque temps après la paix
faite avec l'Angleterre, le lord Shelburne
qui avait rédigé le traité, demanda à la cour
de France une pension pour l'abbé Morellet,
déclarant qu'il avait beaucoup profité de ses
lumières dans tous les articles qui concernaient le commerce des deux nations. Cette
pension qui lui a été accordée est de quatre
mille livres. Il est à présumer que ce sont les
différens services qu'il a rendus en ce genre,
qui ont excusé auprès du gouvernement le
peu de soins qu'il a donné à son dictionnaire.
L'abbé Morellet a bataillé encore contre un
ennemi plus fameux que tous les autres, et
qui lui-même a bataillé contre tout le monde;
je veux dire Linguet. Il a fait contre lui la
Théorie du Paradoxe, et une réponse à la
Théorie du Libelle. Il n'a pas eu de peine

à écraser un fou qu'il suffit de citer pour faire rire à ses dépens; mais quoique ces derniers ouvrages soient ce qu'il a fait de meilleur, tout cela s'oublie quand la querelle est finie, comme les mémoires des avocats quand le procès est jugé.

Un ouvrage d'un genre plus utile et plus durable, c'est la traduction des *Délits et des Peines* de Beccaria, et un abrégé du *Manuel des Inquisiteurs*, ouvrage écrit en latin par Eymeric. Cette traduction d'un livre très-curieux a eu peu de lecteurs, et n'est guères connue que des gens de lettres, tant on lit peu les ouvrages qui ne sont qu'instructifs.

Il suit de cet exposé que l'abbé Morellet est un homme d'esprit et un littérateur très-instruit, ce qui peut suffire dans une compagnie littéraire qui ne peut pas être composée toute entière d'hommes de talent et de génie. Mais le public qui s'était intéressé beaucoup cette fois-ci pour Sedaine, dont le dernier ouvrage, *Richard cœur de Lion*, a eu un grand succès, a vu de très-mauvais œil la préférence que nous avons donnée à l'abbé Morellet, et peu de choix ont été plus généralement désapprouvés. Le public qui voit tous les jours les ouvrages de Sedaine, soutenus par la musique et l'illusion du théâtre, lui a pardonné son mauvais style, et l'académie même a paru touchée de sa persévérance et de son âge. C'est la onzième fois qu'il se présente, et il a eu onze voix (la mienne entre autres) comme si on eût voulu lui en donner une pour chaque fois qu'il s'est présenté. Mais son concurrent en a eu quatorze, et je ne sais si Sedaine retrouvera une aussi belle occasion ; car si tous ceux qui étaient pour lui fussent venus à l'assemblée, il l'aurait emporté.

Une preuve des progrès de la sottise dans plus d'un genre, c'est l'opéra de *Pizarre*, mal reçu le premier jour, et qu'on ne laisse pas de représenter. Les opéras de Danchet dont on s'est moqué, sont des chefs-d'œuvre en comparaison de la plupart de ceux qu'on nous donne aujourd'hui. Jamais la déraison et le ridicule n'ont été poussés plus loin que dans *Pizarre*. Le sujet est la conquête du Pérou : les Espagnols, en arrivant tout au beau milieu d'une fête qui se célèbre pour les noces d'Alzire et de Zamore dans le temple du Soleil, commencent par abattre à coup de canon ce temple que l'on voit s'écrouler sur le théâtre ; ensuite ils font un horrible massacre des Péruviens, et alors Pizarre, seul avec son confident, lui dit :

Enfin en ta présence
Je puis faire éclater les plus justes transports.

Ces *transports* si *justes* sont ceux d'une belle passion dont il vient de se prendre tout-à-coup pour la fille de l'Inca qu'il a vue *dans le plus touchant désordre*. Son confident lui dit :

Du moins n'avez-vous pu savoir
Quel est son sort ?

PIZARRE.

Je viens de m'en instruire.
Elle porte le nom d'Alzire.

Il l'envoie auprès de cette beauté qui *porte le nom d'Alzire*, pour lui déclarer qu'elle ne *verra point l'aspect d'un conquérant terrible*. Quant à lui, après la manière dont il s'est annoncé dans le pays, il ne trouve rien de plus simple que de l'épouser ; tout le reste est à l'avenant, etc.

FIN DU QUATRIÈME VOLUME.

www.ingramcontent.com/pod-product-compliance
Lightning Source LLC
Chambersburg PA
CBHW060635170426
43199CB00012B/1556